Die
politische Gestalt Deutschlands
und die
Reichsverfassung
von
Bülow-Cummerow.

Die
politische Gestalt
Deutschlands
und
die Reichsverfassung

von

Bülow-Cummerow.

Berlin.

Verlag von Veit und Comp.

1848.

Einleitung.

Seit der Völkerschlacht bei Leipzig und seit dem großen Kampfe des deutschen Volks gegen die Fremdherrschaft haben viele Friedensjahre den deutschen Fürsten und Völkern die Zeit zu einer innigen Vereinigung unter sich und des gesammten Vaterlandes zu einem großen Ganzen gewährt, ohne daß diese so benutzt wäre, wie es das Wohl des deutschen Volkes fordert.

Die Indolenz, die Weitschweifigkeit und der unpraktische Sinn, diese alten Erbsünden der Deutschen, haben uns in diesem langen Zeitabschnitt nicht verlassen.

Die Zerrissenheit Deutschlands, der Grund seiner Schwächen, seiner Leiden und seiner Demüthigungen, besteht noch nach wie vor. Zwar ist ein Bund errichtet, der während seiner Geburt aus einem Völkerbunde ein Fürstenbund geworden ist, der in Hinsicht seiner inneren Wirkung ein einseitiger bleiben mußte, weil er nur vorzugsweise die Souverainetät der Fürsten zu wahren bestimmt war, in Hinsicht seiner äußeren Wirkung dagegen alle Glieder des Bundes zu einer gemeinschaftlichen kräftigen Vertheidigung Deutschlands verbinden sollte.

Die Schwerfälligkeit des Bundes, zu welcher er als aus deutschen Gliedern bestehend vorweg verurtheilt scheint, steigert sich noch durch die republikanische Form seiner Verfassung: seine Schwerfälligkeit hat sich aber auch thatsächlich bestätigt, denn die zur Beschützung unserer Brüder in Süddeutschland nöthigen Festungen sind im 33sten Friedensjahre noch nicht zur Vollendung gekommen.

Die Entscheidung der großen Fragen, von welchen die Zukunft Deutschlands und die des edelsten Volksstammes, welchen Europa den Seinigen nennt, abhängt, lauten dahin: wird sich der deutsche Fürstenbund im Kriege, wenn feindliche Schaaren seine Grenzen bedrohen sollten, stärker zeigen als im Frieden? wird er die Kraft besitzen, um einst den blühendsten Theil des geliebten deutschen Vaterlandes und seiner Bewohner gegen die Razzias einer in Afrika verwilderten Soldateska vertheidigen zu können? wird er, ohne in eine gefährliche Täuschung zu verfallen, sich stark genug fühlen, den Kampf zu bestehen, ohne die Hülfe des nordischen Riesen anzurufen? Wird endlich der Bund oder das deutsche Volk, welches ihn bildet, die Kernhaftigkeit entwickeln, selbst wenn Oestreich, die bisherige Hauptmacht des Bundes, für den Augenblick nicht mit seiner ganzen Macht zur Vertheidigung der Grenzen mitwirken könnte, dennoch den Feind zurückzuwerfen?

Die Entscheidung dieser Lebensfragen für Deutschlands

Unabhängigkeit, und die Bedingungen, unter welchen eine glückliche Lösung derselben allein möglich erscheint, wozu wir vor Allem die Erhaltung der Ordnung im Innern von Deutschland rechnen, haben wir zur Aufgabe dieser Schrift gemacht, und wir bitten Gott, daß er der Feder eines Greises die Kraft verleihen wolle, der großen Sache des speciellen und allgemeinen Vaterlandes zu nützen.

Um über die äußerst kritische Lage eine klare Ansicht zu gewinnen, in welche Deutschland durch die mehr oder weniger gewaltsamen Revolutionen versetzt worden ist, von welchen in dem kurzen Zeitraum von wenigen Wochen ganz Mittel-Europa erschüttert wurde, müssen wir zuerst unsern Blick auf die so sehr verschiedenen Ursachen, welche die neuesten großen Volksbewegungen hervorgerufen haben, und so viel wie möglich auf den Einfluß derselben auf unser Vaterland richten.

Je riesenhafter der Umschwung ist, den die Weltbegebenheiten nehmen, je mannichfacher die Ursachen sind, die diese veranlassen, je gefährlicher der Wahn ist, den Sturm noch beschwören zu können, wenn er erst seine volle Kraft gewonnen habe, den manche Fürsten mit Vielen aus dem Volke theilen, um so nothwendiger wird es, sich eine klare Einsicht über den Umfang der Gefahr zu verschaffen, und wenn es nöthig ist, mit vollkommener Selbstverleugnung die rechten Mittel zum Zweck zu wählen, diese dann aber auch muthig zu verfolgen.

Es handelt sich bei der jetzigen Lage der Dinge aber nicht bloß um die Beschützung der Grenzen, und Sicherung der

Selbstständigkeit Deutschlands; es handelt sich darum, durch Bildung eines festen Kerns Europa vor einem Umsturz alles Bestehenden zu bewahren, und eine Erschütterung aller socialen Interessen abzuwenden. Deutschland, im Herzen von Europa belegen, vermag es allein, der Anarchie, welcher Frankreich mehr als wahrscheinlich anheimfallen wird, und die sich leicht über alle Nachbarstaaten in Norden, Osten und Westen verbreiten kann, eine Grenze zu ziehen: das deutsche Volk wird dies jedoch nur vermögen, wenn sich die einzelnen Theile fest aneinander schließen, und in Uebereinstimmung mit ihren Fürsten, — die doch endlich die Zeit und ihre Stellung begreifen werden — der Anarchie und dem Communismus eine undurchdringliche Phalanx entgegenstellen.

In der Stunde der Gefahr, der wir entgegen gehen, wird es sich zeigen, ob der deutsche Patriotismus von Worten zu Thaten überzugehen vermag, ob die großen Interessen des Vaterlandes, von hochherzigen Gesinnungen getragen, vermögend sind, die kleinen Zwistigkeiten und die kindischen Eifersüchteleien der einzelnen Volksstämme gegen einander und der Stände unter sich zum Schweigen zu bringen.

Jetzt hat die Stunde geschlagen, wo es sich zeigen wird, ob der lange Friede den Deutschen entnervt hat, ob sein gesunder Verstand die Oberherrschaft führt, ob er noch so viel geistige Kraft und physischen Muth besitzt, seinen Egoismus, seine Eitelkeit, seine Vorurtheile, seine philosophischen und philanthropischen Phantasien und seine Empfindlichkeiten zu überwinden und der Sache des Vaterlandes opfern zu können.

Bisher hat der Deutsche sich aus seiner Lethargie immer nur erst dann erhoben, wenn er von seinen Nachbarn so lange mißhandelt worden war, bis ihm zuletzt die Geduld ausging, und bis das ihm auferlegte Joch unerträglich ward; ist er jetzt ein anderer Mensch geworden, als die Väter waren? Gott bewahre ihn davor, dem entwürdigenden Beispiele seiner Ahnen zu folgen, es bewahre ihn davor sein National-Gefühl und sein Interesse. Sollte der Deutsche aber noch der alte Adam geblieben sein, so wäre es ihm viel besser, wenn die russische Knute ihn munter machte, denn diese Streiche treffen doch nur den Rücken. Vor Allem ist wohl zu bedenken, daß wenn wir von unseren Nachbarn zu einem neuen Kriege gezwungen werden sollten — denn uns in die Verfassung anderer Völker zu mischen, wäre Wahnwitz —, so wird die französische Eroberungssucht ihn uns nicht allein erklären, sondern es wird ein Krieg werden, der zugleich unseren socialen Interessen den Untergang droht, der uns bis an den Rand des Chaos führt, bis zu welchem die Franzosen nach den eigenen Worten ihrer jetzigen Führer gekommen sind. Die Krieger, welche unsere Grenzen überschreiten sollten, würden nicht allein mit den Waffen fechten, sondern auch den Communismus predigen und einen Rheinbund des Proletariats zu errichten suchen; wenn wir daher von vornherein nicht unsere Grenzen zu vertheidigen verständen, und den Feind erst in

Deutschland festen Fuß fassen ließen, so könnte es leicht ein Krieg nicht allein gegen die Eindringlichen, sondern auch gegen die Hefe des eigenen Volks werden.

Daher sollten sich alle Deutsche zu einem festen Bündnisse vereinigen. Die politischen, die religiösen Zwistigkeiten, die Unzufriedenheit über Mängel in der Verwaltung und Verfassung, Alles bleibe vertagt, und hochherzig folge man dem Beispiele der Engländer, des stammverwandten Volks, welche da, wo es das Wohl des Vaterlandes gilt, nur England kennen.

Schilderung der politischen Zustände der europäischen Nachbar-Staaten.

Die großen Volksbewegungen, welche im Jahre 1789 in Frankreich begannen, dort das Königthum erschütterten, und seitdem die monarchische Verfassung in Portugal, Spanien und Belgien durch eine Landesrepräsentation beschränkt haben, bedrohen jetzt um so ernstlicher die Ruhe von Mittel-Europa, als die nur vertagte Revolution in Frankreich von Neuem ausgebrochen ist, und eine Pöbelherrschaft bereits faktisch besteht. Werfen wir einen flüchtigen Blick auf die Geschichte zurück, so haben sich die protestantischen Volksstämme unseres Welttheils bis jetzt von gewaltsamen Staatsumwälzungen frei gehalten. Durch die kirchliche Reformation und durch den Abfall von Rom haben sie sich von dem von dort her ausgeübten Absolutismus befreit, und durch die Denkfreiheit, welche sie sich mit den Waffen in der Hand erkämpften, hat die geistige Macht eine Stärke erreicht, daß der weltliche Absolutismus der Macht der öffentlichen Meinung auf die Dauer nicht zu widerstehen vermag.

Die katholischen Länder dagegen, in welchen die Bevölkerung einen zweifachen Absolutismus, den der Kirche und den des Staats, mehr oder weniger erduldete, haben diesen gegenwärtig unter den krampfhaftesten Zuckungen abgeschüttelt, und bisher um so weniger einen geordneten Zustand gewonnen, je heftiger der Kampf gewesen war. Von den größeren katholischen Reichen waren vor wenigen Wochen noch zwei übrig geblieben, in welchen der kirchliche und der weltliche Absolutismus seine volle Kraft ausübte; dies waren: Italien, wenn wir die verschiedenen Staaten, aus welchen es besteht, als ein Ganzes betrachten wollen, und das Oesterreichische Kaiserreich. Zwar hatte es in Italien an Zeichen nicht gefehlt, daß die Völker den Druck, unter welchem sie litten, nicht länger ertragen wollten, ein Druck, der in einzelnen Theilen, namentlich im Kirchenstaat und in Neapel und Sicilien, durch die allerschlechteste Verwaltung den höchsten Gipfel erreicht hatte.

Allein die militairische Macht Oesterreichs hielt die Revolution dort im Zaum, und die Furcht vor dieser würde den Ausbruch auch vielleicht jetzt noch verzögert haben, wenn nicht Pius IX. den päpstlichen Stuhl bestiegen hätte.

Dieser, zugleich ein weltlicher Fürst und absolutes Haupt von 200 Millionen Katholiken, begann seine Regierung mit einer großen Reform in der Verwaltung, und mit nicht unwesentlichen Aenderungen in der Verfassung seines weltlichen

Reichs, und wieß Demonstrationen, die von Seiten Oesterreichs gemacht wurden, mit solcher Energie zurück, daß dieses dadurch aufhörte, den Italienern ein Schreckbild zu sein, und daß die bis dahin niedergedrückten Völker Italiens den Papst, das vollendetste Symbol des kirchlichen Absolutismus, in der Person Pius IX. zu ihrer politischen Fahne machten.

Nachdem der Papst den Weg der Reform eingeschlagen, blieb den umsichtigen Fürsten Italiens nur übrig, denselben Gang zu verfolgen.

Der Großherzog von Toscana war der Erste, der dies mit Umsicht that; ihm folgte umittelbar der König von Sardinien, während Parma und Modena sich unter österreichischen Schutz stellten.

Wäre der König von Neapel, dessen Unterthanen den unerträglichsten Druck erlitten, so weise gewesen, dem Beispiel von Florenz und Turin zu folgen, so wäre es vielleicht den Fürsten möglich gewesen, den lebhaften Geist der Italiener zu zügeln, und unter dem Schutz einer bestehenden Regierung einen allmähligen Uebergang von der Willkürherrschaft, die dort bestand, zu einer freien Verfassung zu bewirken.

Allein der König von Neapel, von falschen Rathgebern, diesen gefährlichsten Feinden der Fürsten, geleitet, glaubte mit seinem Heere sein Volk bezwingen zu können, erfuhr statt dessen aber eine gänzliche Niederlage, und wurde von der Revolution mit entblößtem Haupte in seiner eigenen Hauptstadt im Triumph umher geführt. Die Ereignisse in Neapel regten die ganze Bevölkerung von Italien gewaltsam auf, und nöthigten den Großherzog von Toscana und den König von Sardinien, ihren Unterthanen ebenfalls eine Verfassung aus freien Stücken zu ertheilen, um nicht dazu gezwungen zu werden.

Wenn es vor der Niederlage, die das Königthum in Neapel erfuhr, vielleicht den ebengenannten italienischen Fürsten und Pius IX. noch möglich war, unterstützt von der Geistlichkeit, eine allmählige Entwickelung der politischen Institutionen zu bewirken, und bis diese erfolgte das Staatsruder in der Hand zu behalten; so ist jetzt Letzteres kaum mehr zu hoffen, um so weniger, da die politische Vorbildung der Italiener, täuschen wir uns nicht, nur geringe ist, da der Uebergang von einem System zum entgegengesetzten zu rasch erfolgte.

In Sicilien wird sich, durch die insularische Lage begünstiget, die Verfassung vielleicht von allen den jetzt in Revolution begriffenen Ländern allein regelmäßig entwickeln, und dieses von der Natur so gesegnete Land wird wieder mit der Zeit aufblüh'n und seine so lange mißhandelte Bevölkerung einer glücklichen Zukunft entgegengehen.

Eine Hoffnung dafür liegt in dem geordneten Zustand, welcher vom ersten Ausbruch der Revolution ab dort bestand, und in dem festen Gang, den sie unter sicherer Leitung genommen hat.

Dieselbe Hoffnung können wir in Betreff Italiens nicht aussprechen; Neapel und Sardinien haben die französische Verfassung proclamirt: sie haben sie fast in demselbigen Augenblicke zu der ihrigen gemacht, wo sie in Frankreich zusammengebrochen ist, weil sie durch und durch hohl war.

Werden sich die Könige von Sardinien und Neapel einem gleichen Zusammensturz entziehen können, da die Verfassung, die sie adoptirt haben, nicht mehr besteht. Wird ganz Italien, obgleich die Richtung dort antirepublikanisch ist, nicht ebenfalls die Republik fordern? und wer wird die Italiener hindern, eine große italienische Republik zu gründen, wenn sie es wollen? Pius IX. etwa? Groß ist der Einfluß des Stellvertreters Petri auf die Gemüther der Gläubigen, aber am wenigsten groß von jeher in Rom. Jede politische Demonstration, von der dortigen Bevölkerung ausgegangen, hat zu neuen Concessionen geführt. Daß Pius IX. als Papst sich zugleich als weltlichem Fürsten des Kirchenstaats die Kraft verleihen könne, den immer weiter gehenden Anforderungen seiner Unterthanen Schranken zu ziehen, ist möglich, aber eben so möglich, daß Rom einst der Sitz einer ganz Italien umfassenden Republik werde. Ob Pius IX. die ausgezeichneten Gaben von Gott empfangen habe, welche dazu gehören, die wilden Leidenschaften seines und des italienischen Volkes zu zügeln, und ob die Fahne, die er aufgepflanzt hat, welche das Signal aller Volksbewegungen in Europa geworden ist, zum Heil der Welt, oder zur Zertrümmerung alles Bestehenden führen wird, liegt im Dunkel der Zukunft verborgen. Rom, seit einem Jahrhundert zum

Gasthofe aller Reiselustigen herabgesunken, hat wieder eine Weltbedeutung bekommen.

Italien, welches seine politische Bildung von Frankreich erhalten, aber nicht wie die Franzosen die Erfahrung gemacht hat, wohin die Anarchie führt, kann sehr leicht den Extremen der Leidenschaften eines rohen Volkes anheimfallen. Italien kann daher sehr leicht einer beklagenswerthen politischen und socialen Umwälzung entgegen gehen, welche die Sicherheit der Nachbarstaaten direct und indirect die unseres Vaterlandes ernstlich bedroht.

Unmittelbar und am heftigsten wird Oesterreich durch die jetzige große Volksbewegung in Italien erschüttert. Der tausendjährige Haß der Italiener gegen die Deutschen hat in Folge der italienischen Revolutionen eine Intensität gewonnen, die fast keine Rückkehr möglich macht. Seit vielen Jahrhunderten ist Italien das Object der Eroberungssucht der deutschen Kaiser gewesen, aber immer das Grab der deutschen Krieger geblieben, und zugleich die Ursache der häufigen Niederlagen Deutschlands Frankreich gegenüber.

Statt sich durch die früheren, vielfältigen traurigen Erfahrungen warnen zu lassen, hat Oesterreich dennoch der Versuchung nicht widerstehen können, das venetianische und lombardische Königreich seinen Staaten einzuverleiben, und sieht sich jetzt genöthigt, durch ein großes Heer diese aufrührerischen Provinzen im Zaum zu halten.

Diese militairische Besetzung ist aber auf die Länge nicht

durchführbar, weil es die Finanzen des Kaiserreichs erschöpft, und seine Militairmacht bedeutend schwächt.

Daß die Feindschaft der italienischen Völker gegen Oesterreich sich ändern sollte, scheint eben so unmöglich, als daß der tief eingewurzelte Haß der Lombardei zu beschwichtigen sei.

Hat die hohe materielle Wohlfahrt, welche die italienischen Königreiche Oesterreich danken, dies nicht vermocht, so wird es die Militairherrschaft, welche dort besteht, noch viel weniger. Die Aufstellung eines Heeres von 150,000 Mann, welche die Kräfte Oesterreichs schwächt, kann daher keinen anderen Erfolg haben, als vorläufig den status quo zu erhalten, und demnächst zum Kriege zu führen.

Bei der jetzigen Stimmung Italiens, der Schweiz, und der Sympathie des begeisterten, durch keine starke Regierung gezügelten französischen Volks scheint der Krieg fast unvermeidlich, in welchen ganz Europa mit hineingezogen werden würde; Oesterreich hat aber alle Ursachen, den Ausbruch eines Krieges in Italien unter jeder Bedingung zu vermeiden, weil die gleichzeitige Dämpfung eines aufrührerischen Volkes und die Bekämpfung feindlicher Heere seine ganze Macht absorbiren würde.

Die kritische Lage, in welcher Oesterreich sich befindet, ist aber eine um so bedenklichere, da die aufrührerische Stimmung der slavischen Bevölkerung von Galizien auch nur durch Militairgewalt im Zaum gehalten werden kann, und die Regierung es bisher versäumt hat, durch zeitgemäße Concessionen den Zustand der unteren Bevölkerung in den deutschen Provinzen zu verbessern, so wie den Forderungen der böhmischen und österreichischen Stände wegen Herstellung ihrer alten Rechte ein geneigteres Gehör zu schenken.

Ohne uns schon jetzt, und bevor wir unseren Blick auch von Deutschland auf die übrigen Nachbarstaaten gerichtet haben, auf eine weitere Zergliederung der Folgen einzulassen, welche eintreten können, wenn eine der Hauptmächte Europa's seine ganze Kraft im Innern gleichsam verbrauchte, und dadurch eine Lücke in dem politischen Gleichgewicht von Europa entstehen sollte, so müssen wir doch darauf hinweisen, welche Gefahr es für Deutschland haben würde, wenn Oesterreich sein bisheriges System länger verfolgte; denn eine völlige Erschütterung des Kaiserreichs könnte möglicher Weise die Folge sein.

Es ist jetzt überhaupt nicht die Zeit, mit einander zu rechten, oder uns alte Sünden vorzuhalten, darum wollen wir es vergessen, wie nachtheilig das Bestreben Oesterreichs, sein System auch in Deutschland geltend zu machen, auf die Entwickelung der Kraft und Einheit des gemeinschaftlichen Vaterlandes, selbst Preußen nicht ausgenommen, eingewirkt hat, und wie beklagenswerth es erscheint, daß der deutsche Bund drei und dreißig Jahre — wir wollen uns bescheiden ausdrücken — in Unthätigkeit verharrt hat.

Die Befestigung der Macht Oesterreichs, und wie diese zu bewirken sei, ist jetzt eine der wichtigsten deutschen Fragen geworden.

Soll das übrige Deutschland selbst mit Preußen auf das Innigste verbunden, auf eigene Kraft beschränkt, seine Grenzen nach Westen und nach Osten schützen, so fordert dies Anstrengungen, die so groß sind, daß sie die Kräfte erschöpfen müssen.

Daher gehört es unstreitig zu einer der ernstesten Aufgaben Deutschlands und seiner Fürsten, Oesterreich nach Kräften mit Rath und That zu unterstützen.

Das bisher von dieser Macht verfolgte politische System hat sich als ein völlig unersprießliches erwiesen. Zustände festhalten zu wollen, die ganz unhaltbar geworden sind, muß am Ende nothwendig zu gewaltsamen Umwälzungen führen: dies haben wir dem Fürsten Metternich schon im Jahre 1844 in dem Buche: „die europäischen Staaten" zugerufen, und alles das vorausgesagt, was jetzt eingetroffen ist, wenn er sein System festhielte.

Eine Aenderung des bisherigen Systems darf nicht länger verschoben bleiben, ein rascher Entschluß muß gefaßt werden. Wenn es zwar schon etwas spät zu sein scheint, mit angemessenen und durchgreifenden Concessionen den italienischen Völkern entgegen zu kommen, so ist es doch das einzige, was übrig bleibt.

Aber nicht halbe Concessionen, die immer auf Schwäche deuten, Mißtrauen erwecken, und zu einer Steigerung der Forderungen führen, sondern ganze müssen es sein, die den Italienern bewilligt werden.

Eine solche würde es sein, wenn unter einem Vice-König die Administration von Oesterreich getrennt, und mit Italienern besetzt würde, wenn den Ständen ein gewisser Antheil an der Regierung eingeräumt, die Steuern fixirt und die Verwaltung der Communal-Angelegenheiten durch eine Städte- und Landgemeinde-Ordnung geregelt würden.

Durch diese Zugeständnisse erfüllte die Regierung die Wünsche der italienischen Unterthanen, vermiede jede Berührung zwischen den germanischen und romanischen Volksstämmen, und könnte hoffen, daß bei den großen materiellen Vortheilen, welche den Italienern aus der commerziellen Verbindung mit dem Kaiserreiche entspringen, dieselben mit der Zeit sich wohl mit der Oesterreichischen Herrschaft aussöhnen könnten.

Bliebe der Friede erhalten, und die Provinzen wollten sich dennoch losreißen, so hätte Oesterreich die Macht, sie zum Gehorsam zurück zu führen, auch das Recht und die öffentliche Meinung ganz auf seiner Seite. Bliebe der Friede mit Frankreich nicht erhalten, und die italienischen Staaten erklärten sich während dessen unabhängig (was freilich dadurch weniger wahrscheinlich wird, weil die Richtung, welche die französische Revolution genommen, weder dem Adel noch der Mittelklasse zusagt), so wäre selbst dann noch der Gewinn ganz auf Seiten Oesterreichs. Jedenfalls würde eine weit geringere Militairmacht, als dazu gehört, ein empörtes Volk in Zaum zu halten, und zugleich dort den Krieg zu führen, ausreichen, um die eigenen Grenzen zu schützen, selbst wenn das abgefallene Volk es wagen sollte, diese anzugreifen. Fiele demnächst dieser glücklich aus, so würde die Wiedereroberung der italienischen Königreiche nicht entstehen können, fiele er unglücklich aus, so wären sie jedenfalls verloren. Sollte man denn nicht endlich im österreichischen Kabinet selbst einsehen, daß die italienischen Provinzen Oesterreichs Macht nur schwächen, und daß die militairische Besetzung derselben aufgegeben werden müsse? Sollte es darüber im Zweifel bleiben können, daß im Falle eines möglichen Krieges mit der französischen Republik es seiner ganzen Macht bedürfen wird, um Deutschland kräftig zu unterstützen?

Oesterreich hat es in seiner Hand, den Platz, den es in dem großen europäischen Staatenverbande einnimmt, zu behaupten, und trotzdem, daß es aus einem Conglomerat von einzelnen, sehr abweichenden Völkerschaften besteht, sich dennoch eine innere Festigkeit zu geben, wenn es die als ganz untergeordnet erscheinenden Zwistigkeiten mit Ungarn geschickt beseitigt, in den Erbstaaten eine weniger fiskalische Verwaltung einführt, den böhmischen und österreichischen Ständen eine zweckgemäße Verfassung gewährt, endlich gemeinschaftlich mit diesen für die Hebung der unteren Bevölkerung, und eine gute Agrar-Gesetzgebung sorgt. Zum Heil des österreichischen Kaiserreichs und der Erhaltung der Wohlfahrt eines großen Theils von Mittel-Europa ist es zu wünschen, daß in Wien die Leitung der Geschäfte Männern anvertraut werde, welche, frei von Täuschungen, Einsicht mit Muth verbinden; die Zeiten zum energischen Handeln sind gekommen, von diesen hängt das Schicksal der Völker ab.

Wenden wir jetzt unsern Blick auf Frankreich, auf das Chaos, in welches eine neue Revolution die große Nation gestürzt hat, und auf die Gefahren, welche aus dieser der Selbstständigkeit Deutschlands und seinen theuersten Interessen drohen.

Dem Ausbruch eines Vulkans gleich, welcher von tiefer liegenden, dem oberflächlichen Auge der großen Masse verborgenen Naturkräften getrieben wird, hat eine improvisirte Volksbewegung in wenigen Stunden ihre feurigen Funken über Frankreich ausgesprüht, die königlichen Insignien in Asche gelegt, und einen Brand entzündet, dessen verzehrende Kraft sich weit über Frankreichs Grenzen verbreiten kann, wenn nicht gute Löschanstalten getroffen werden.

Ganz Europa und Frankreich selbst ist darüber bestürzt, daß ohne eine scheinbar bedeutende Veranlassung ein kleiner Haufe aus den untersten Klassen des Volks, unterstützt von einigen Schülern, zugleich das König- und Bürgerthum eines Volks, welches 35 Millionen Köpfe zählt, über den Haufen zu werfen vermochte, und es erscheint dies um so wunderbarer, da der König 80,000 Mann zu seiner Verfügung hatte, deren er sich nicht zu bedienen wagte, und da 50,000 bewaffnete Bürger bei der Vernichtung ihrer Macht ruhige Zuschauer blieben; ja um so wunderbarer, da der Anfang des Aufstandes einen harmlosen Character zeigte, die Bewegung keinen Führer hatte, und der Umsturz der bestehenden Verfassung rein improvisirt ward.

Je merkwürdiger es aber ist, daß das Schicksal der Völker oft dem Zufalle anheim zu fallen scheint, um so wichtiger wird es, tiefer auf die Ursachen einzugehen, welche oft die großen Weltbegebenheiten leiten, und neue Zeitabschnitte in dem Leben der Völker bilden.

Obgleich wir selbst über die unerwartet schnelle Wendung der politischen Zustände in Frankreich überrascht worden sind, so haben wir doch längst die Unhaltbarkeit der bisherigen Verfassung erkannt, und in unseren Schriften den Umsturz derselben bestimmt vorher gesagt; jedoch hielten wir den Todestag von Louis Philipp für den Wendepunkt. Hierin haben wir uns geirrt. Für so hohl wir auch sein ganzes System hielten, so überschätzten wir doch seine Balancirkunst, in welcher er als Meister erschien. In einem großen Reiche, wie Frankreich, welches in einer früheren Revolution seine ganze Geschichte vernichtet und eine tabula rasa gemacht hatte, blieben nur zwei Verfassungs-Gattungen möglich, die der Republik, und die der Soldaten-Herrschaft.

Die zuerst in Frankreich gegründete Republik führte zur Anarchie und zu Gräueln, welche die Geschichte kaum glauben wird, und löste sich in Folge der Kriege mit halb Europa nach einem Decennium in eine Militair-Despotie, Napoleon an der Spitze, auf. Dieser, welcher mit dem Gedanken einer Universal-Monarchie umging, ward durch die Schilderhebung von ganz Europa vom Throne gestürzt, auf welchen sich nun das Königthum mit constitutionellen Formen niederließ. Allein eine erbliche Monarchie ohne aristokratische Elemente *), kann auf keine Dauer hoffen. Die Revolution von 1830, durch welche die ältere Linie der Bourbons vom Throne gestoßen ward, hatte aber auch die Erblichkeit der Glieder der Pairskammer vernichtet und die Volkssouverainetät proclamirt.

Durch diese Veränderung in der Pairskammer ward die monarchische Verfassung auch noch dieser schwachen Stütze beraubt, und der Souverainetät des Volks dadurch Hohn gesprochen, daß nur 240,000, größtentheils Industriellen, das Wahlrecht zuerkannt ward, um die Souverainetät im Namen von 35 Millionen zu üben.

Eine noch größere Anomalie lag darin, daß in dem Lande der Freiheit und der Volkssouverainetät diejenigen Rechte und Freiheiten den Bürgern versagt wurden, deren sich diese selbst in den absoluten Monarchien erfreuen, und wenn das Volk dagegen seine Stimme erheben wollte, so wurde ihm mit Kartätschen geantwortet.

Einer monarchischen Verfassung, die keine historische Unterlage hat, die nicht in der Gesinnung des Volks wurzelt, und sich auf keine aristokratische Elemente stützt, wie die englische,

---

*) Wir bevorworten hier, daß wir unter Aristokratie keineswegs einen alten Erbadel verstehen, sondern erhaltende Elemente, wie wir diese in den großen und kleinen Grundbesitzern, nicht minder in dem Bürgerstande finden; wir fordern den Einfluß der Besseren, Befähigteren und Edleren auf die Führung der Geschäfte.

sondern die wie die französische unter dem Geschrei und Waffengeklirr eines aufgeregten Volkes improvisirt worden ist, fehlt jede feste Unterlage.

Ein Bürgerkönig, der ein souveraines Volk regieren soll, wird der Nachwelt als eine Satyre erscheinen oder unter die Fabeln von Tausend und Eine Nacht gezählt werden.

So wenig ein Gebäude, welches kein sicheres Fundament hat, dem geringsten Windstoß widerstehen kann, ebenso wenig vermag dies ein Staatsgebäude; daher haben wir immer die Behauptung aufgestellt, die französische Verfassung sei, da ihr dieses fehle, nur als ein Waffenstillstand zu betrachten, den das Königthum mit der Republik geschlossen habe, und der alle Tage aufgekündigt werden könne.

Inzwischen erklärt sich aus der innern Unhaltbarkeit des Systems selbst noch keineswegs die merkwürdige Erscheinung, daß ein Königthum, mit so großen Mitteln umgeben, von einer geordneten Verwaltung, von einem 80,000 Mann starken Heere, einer zweckmäßig organisirten Polizei gestützt, in Gegenwart der beiden neben dem Thron versammelten, ihm ergebenen Kammern in wenigen Stunden zusammenbrechen konnte. Ein tieferes Eingehen auf die Ursachen eines so merkwürdigen Ereignisses wird der Beherzigung werthe Lehren ergeben.

Louis Philipp, durch eine Intrigue zum Throne gelangt, und sich bewußt, wie locker der Boden unter ihm sei, ließ sich verleiten, die Rolle des Königs, der über den Parteien stehen soll, mit der eines Partei-Chefs zu vertauschen. Unter den schwierigsten Verhältnissen an die Spitze der Geschäfte getreten, war ihm die Aufgabe geworden, die Revolution mit Hülfe einer Charte zu beschwichtigen, die selbst eine Lüge war.

Zwischen zwei Wegen blieb ihm nur die Wahl; der eine war: gleich nach dem Antritt seiner Regierung das Wahlgesetz auf eine so große Zahl von Bürgern auszudehnen, daß diese wirklich Frankreich repräsentirten, und die Ansicht der Majorität des französischen Volkes ausdrückten; der andere: sich eine Majorität in den Kammern durch jedes Mittel zu sichern.

Wählte er den ersten Weg, so war die Republik wieder hergestellt, und er konnte höchstens unter dem Titel „Bürgerkönig" Präsident der Republik werden; an eine Erblichkeit der Dynastie war dann nicht mehr zu denken. Da der letzte Gedanke ihn aber ganz beherrschte, so verwarf er diesen und wählte den zweiten Weg, welcher ihm um so mehr zusagte, da er ihm die Gelegenheit verschaffte, seine Talente zu Intriguen zu üben; dieser trieb ihn aber wieder auf einer Bahn fort, auf welcher sich die Schwierigkeiten so lange häufen mußten, bis er ihnen erlag.

Um sich eine Majorität in der Deputirten-Kammer zu sichern, war es vor Allem nöthig, das Monopol der 240,000 Höchstbesteuerten aufrecht zu erhalten; denn wenn der Weg der Wahlreform einmal betreten war, so verstärkte sich bei der allgemein herrschenden Stimmung in Frankreich die Opposition. Die nothwendige Folge davon war, daß nun eine Wahlreform der andern folgte, und man ohnfehlbar zur Republik kommen mußte. Allein die Beschränkung der Stimmfähigkeit auf 240,000 Personen sicherte Louis Philipp noch keinesweges die Majorität, sondern diese konnte er dennoch nur durch ein Corruptions-System im ausgedehntesten Sinne des Worts gewinnen.

Als Chef der Partei sah sich Louis Philipp gedrungen, den ihm ergebenen Deputirten das Monopol der Anstellung zu ertheilen.

Alle Aemter kamen auf diese Weise in die Hände der aus der Majorität hervorgegangenen Minister, und wenn diese Fähige dazu wählten, so geschah es nur in ihrem eigenen Interesse, weil diese geschickter waren, ihren Anhang im Lande zu vermehren.

Da die Beamten aber wußten, daß der Fall ihres Chefs den ihrigen nach sich zöge, die Zeit ihres Bleibens mithin ungewiß war, so suchten sie diese zu benutzen, bereicherten sich und ihre Verwandten so viel als möglich, und suchten durch Bestechungen aller Art auf die Wahlen einzuwirken; die einzige Schranke, die sie dabei zurückhielt, bestand in der Furcht vor der Presse.

Wie nun die, die Wahlen leitenden Beamten Alles aufboten, den Kandidaten der Regierung gegen die der Opposition den Sieg zu verschaffen, so waren die zur Wahl präsentirten Kandidaten selbst sehr thätig, sich durch Versprechungen von Begünstigungen Stimmen zu verschaffen, und da die, welche der Majorität angehörten, in der Regel ihre Verheißungen zu erfüllen vermochten, die der Opposition dagegen ihre Freunde nur mit Hoffnungen abspeisen konnten, so waren erstere oft in solchen Departements Sieger, wo die Stimmung ganz der Regierung entgegen war.

Wenn nun die Kammern sich versammelten, so ging der Schacher (das einzig richtig bezeichnende Wort) erst recht los, und die Minister sahen sich genöthigt, oft selbst wider Willen den unverschämtesten Forderungen nachzugeben, auch wenn dadurch die Landes-Interessen empfindlich verletzt wurden; ja das hieraus erwachsende Verderbniß ging so weit, daß die Minister selbst und ihre Unterbeamten sich bestechen ließen, und den Scandal der öffentlichen Anklage und Verurtheilung erfuhren.

Zwei Leidenschaften giebt es, welchen die Menschen schwer widerstehen können, der Ehrgeiz und die Geldgier. Da nun der Besitz der Macht und der materiellen Vortheile mit der Leitung der Verwaltung verbunden war, so richtete sich die ganze Anstrengung der Oppositionsmänner dahin, ihre glücklichen Nebenbuhler aus den Stellen zu verdrängen.

Der Kampf in den Kammern der Deputirten ward daher nicht in der Absicht geführt, um die Volksfreiheiten und Interessen gegen Usurpation zu schützen (wenn dies auch zuweilen als Vorwand genommen wurde), sondern es war ein Kampf des Egoismus um Macht und Geldgewinn. Dies zeigte sich sehr deutlich, denn wenn politische Fragen zur Sprache kamen, die zu einer Minister-Krisis führen konnten, so waren alle Parteien auf dem Platz; wenn dagegen die wichtigsten materiellen Interessen des französischen Volks verhandelt wurden, so fehlte es der Kammer oft an so viel Abgeordneten, um beschlußfähig zu sein, ja das Ausgabe-Budget, welches bis zu einer ungeheuren Höhe herangewachsen war und das französische Volk mit Steuern überlastete, ward oft im Sturmschritt bewilligt.

Daß eine Verfassung wie diese, wodurch dem Volke seine Rechte genommen, seine Interessen verletzt wurden und ein Corruptions-System, welches sich so ausgedehnt hatte, die allgemeine Unzufriedenheit erregen, und die Regierung Louis Philipps verhaßt machen mußte, ist nicht zu verwundern; inzwischen würde sich der Bürgerkönig länger gehalten haben, wenn die Verwaltung im Lande eine bessere gewesen wäre.

Nicht allein in Frankreich, sondern in so vielen andern, besonders monarchischen Ländern, sind kostspielige, fiscalische, dictatorische, die Volksinteressen nicht gehörig würdigende Verwaltungen eine der Hauptursachen der Unzufriedenheit und des Drängens der Völker nach einem Antheil an der Regierung.

Inzwischen können wir die Bemerkung nicht unterdrücken, für welche Frankreich den Beweis führt, daß die Theilnahme des Volks an der Regierung allein keineswegs den Erfolg verbürgt, sondern daß es vor Allem darauf ankommt, wem im Volke dieser übertragen worden ist *).

Viele Regierungen übersehen es ganz, welche Macht ihnen durch die Verwaltung gegeben ist; einestheils setzt diese sie in den Stand, den Nationalreichthum und den inneren Wohlstand zu fördern, auf die geistige und sittliche Bildung des Volks zu wirken, durch Handhabung der Gerechtigkeit den Rechtssinn zu wecken, anderntheils sichert eine intelligente, uneigennützige, einfach organisirte Verwaltung die Macht der Regierung und wendet ihr die Achtung und Liebe des Volkes zu.

Hätte Ludwig Philipp eine so ehrenvolle Verwaltung, wie wir sie hier bezeichnet, gehabt oder haben können, so würde es trotz aller Anomalien in den Grundbestimmungen der Verfassung die Franzosen oder einen Theil derselben an seine Person gefesselt haben.

Allein die Freiheit und Schlechtigkeit der Verwaltung ist eine der wesentlichsten Ursachen, weshalb er ohne Kampf gleichsam vom Throne herunter gefallen ist, und mit weit weniger Würdigkeit noch, als Karl X., in einer Blouse, ohne

*) Daß in dieser Beziehung eine Verfassung, die auf ständischer Gliederung, mithin nicht allein auf einem Wahlcensus beruht, durch welchen die zahlreichste der Volksklassen, die der Landgemeinden, von der Vertretung ausgeschlossen bleibt, die geeignetste ist, scheint uns außer Zweifel zu sein.

Reisegeld sein Reich, seine Schätze und seine Güter verlassen mußte.

Die verschiedenen, in den vorstehenden Blättern angedeuteten organischen Fehler, verbunden mit der überhand genommenen Demoralisation, erklären das in den letzten Tagen in Paris gegebene Schauspiel, welches Europa in Staunen setzte, die thörichte Menge mit eitlen Hoffnungen erfüllte, und die Schwachen für die Folgen zittern machte.

Zur Vervollständigung dessen, was wir oben über den Fall und Rückhalt Louis Philipps gesagt haben, sei es uns erlaubt, noch einiges hinzuzufügen.

Durch kluge Behandlung der Menschen und der Verhältnisse war er auf den Thron gekommen, und hatte sich 17 Jahre auf demselben behauptet, daher vertraute er seiner Ballancirkunst zu viel, und in dem Moment der Entscheidung, wo es auf geistigen Muth, auf einen Entschluß ankam, fehlten ihm beide; schon viele Könige vor ihm sind aus demselben Grunde gefallen, und viele nach ihm werden dasselbe Loos haben; Ueberschätzung der eigenen Kräfte vor der Gefahr, und Mangel an Entschluß im Augenblicke der Entscheidung strafen sich jederzeit und in allen Verhältnissen.

Wenden wir uns nun von dem gefallenen gliederlosen Haupte, dessen hartes Loos wir aufrichtig bedauern, zu den improvisirten Leitern der Geschicke eines großen Volks, so stellt sich unseren Augen eine theatralische Scene vor, wie die Weltgeschichte noch keine aufzuweisen hat. Man denke sich, ein bewaffneter Volkshaufe, von einem häßlichen alten Weibe mit einem Pallasch in der Hand geführt, dringt gegen den Palast der Vertreter eines souverainen Volks von 35 Millionen Franzosen vor, und aus ihrem Munde ertönt der erste Ruf: nieder mit dem Königthum, es lebe die Republik! Die Nationalgarde, zum Schutz der Deputirten-Kammer aufgestellt, öffnet dem wilden Haufen ihre Reihen, er erstürmt den Sitzungssaal und wenige Augenblicke später ist die Republik ausgerufen. Ein häßliches altes Weib aus der Hefe des Volks (nach der Väter Glauben eine Hexe) gab den äußern Anstoß zu einer Erschütterung eines ganzen Welttheils.

Im tiefen Dunkel der Zukunft liegt es verborgen, welche unermeßliche Folgen ein unbedeutend scheinender Anfang haben kann; aber so viel steht fest, daß die am 24. Februar improvisirte Revolution einen neuen Zeitabschnitt in der Geschichte von Europa bezeichnen wird.

Wenn etwas geeignet ist, uns zu einem ernsten Nachdenken aufzufordern, so ist es der vorliegende Fall. Vor Allem enttäuscht es die Fürsten und die Völker, welche, stolz auf die Fortschritte des Jahrhunderts, es jetzt erfahren, wie locker die Staaten-Gebäude sind, wie hohl die Theorien, zu welchen man sich bisher bekannt hat.

Was hat denn die mittel-europäischen Reiche so schwach werden lassen, daß es nur einiger Hundert Blousen-Männer bedurfte, um ihre politischen und socialen Verhältnisse mit einem Umsturz zu bedrohen?

Es drängen sich ferner die Fragen auf: wie kommt es, daß der lange Friede, dessen die Welt genossen, so wenig zum Glück der Menschen beigetragen? Warum ist mit dem äußern Frieden nicht der innere zurückgekehrt? Wo ist die brüderliche Eintracht geblieben, mit welcher nach dem großen Kampf gegen die Universalherrschaft eines Napoleon die Völker in den Schooß ihrer Familien zurückkehrten? Wo die Einheit zwischen den Fürsten und Völkern? Welche Früchte haben die in jenem Kampfe so theuer erkauften Erfahrungen getragen? — Wir kennen sie nicht; aber das wissen wir, daß politischer, religiöser Zwiespalt über uns gekommen ist, daß alle Krankheiten eines langen Friedens uns erfaßt haben, daß unser geistiges Auge sehr trübe geworden ist, die Extreme einander gegenüberstehen, daß die Lust, Andere zu beherrschen, zugenommen, die Selbstbeherrschung abgenommen hat, daß die Fürsten oft die Völker noch öfter, ihr eigenes Interesse verkennen und so weiter. Wen kann es wundern, daß die unendliche Langmuth des Weltregierers endlich erschöpft ist, und er daher die Noth, diese zwar unbequeme, aber dennoch große Wohlthäterin der Menschen, beauftragt hat, uns von unserm Dünkel zu heilen und in die rechte Bahn zurückzuführen.

Wer nicht kurzsichtig ist, und die Lebensgeschichte der Völker durch die Jahrhunderte der Vorzeit verfolgt hat, dem kann es unmöglich entgehen, daß in dem Schöpfungsplane des großen Ordners unserer Geschicke die fortschreitende Entwickelung und Veredelung des Menschengeschlechts unerschütterliches Princip ist, welches kein Irdischer, wenn er auch noch so hoch steht, nur um ein Haar breit abzuändern vermag. Zwar läßt Gott uns bis auf einen gewissen Punkt die Freiheit, uns übermüthig zu erheben und seinem Willen entgegen zu treten, auch straft er die Menschen nicht gleich, wenn sie seine Absichten verkennen, aber seine Nachsicht hat gewisse Grenzen; werden diese überschritten, so gestaltet er es, daß durch einen gänzlichen Umsturz alles Bestehenden das Versäumte eingeholt werde.

Verstehen wir richtig die Winke der Vorsehung, so hat diese, um uns zu demüthigen, sich eines unscheinbaren Mittels bedient, um Throne zu stürzen, die Gestalt von Europa zu verändern. Wollten doch diejenigen, welche es vielleicht noch in ihrer Hand haben, der ihnen drohenden Gefahr auszuweichen, den Willen einer höheren Macht begreifen und folgen. Wir rufen dies den Völkern wie den Fürsten zu.

Frankreich scheint von der Vorsehung auserwählt zu sein, die wichtigsten politischen Probleme durch bittere Erfahrungen zu lösen, und es dann dem übrigen Europa zu überlassen, sich daraus die Nutzanwendung zu ziehen.

Frankreich hat in einer Reihe von Jahren alle möglichen politischen Verfassungen durchgemacht; von der absoluten Monarchie ist es zum konstitutionellen Königthum, von diesem zur Republik und Anarchie übergegangen; dann hat es seinen Nacken unter den militairischen Despotismus gebeugt; nachdem dieser durch fremde Bajonnette zertrümmert war, hat es sich wieder dem konstitutionellen Königthume mit Volkssouverainetät zugewandt, und ist jetzt zur Republik auf radikal-kommunistischen Unterlagen zurückgekehrt. Kein menschlicher Scharfsinn wird es vermögen, die Folgen einer Verfassung zu berechnen, welche als ein Experiment erscheint, das ganz außerhalb des Gebiets des Ausführbaren liegt und die allen politischen und staatsökonomischen Ansichten entgegen, die ganze natürliche Folge der Dinge umkehren soll. Bisher hat die höhere geistige Macht die physische beherrscht, und die Arbeit ist organisirt gewesen, wenn blühende Gewerbe der Hände bedurften. Hat der Wahnsinn es denn wirklich bis dahin bringen können? Doch wir wollen hier kein weiteres Wort darüber verlieren, wohin es führen muß, der großen Masse mit Hoffnungen zu schmeicheln, die nicht in Erfüllung gehen können, und ihnen noch die Waffen in die Hand zu geben, diesen durch physische Gewalt Geltung zu verschaffen.

Wenn die erste französische Revolution gegen den Absolutismus und den Adel gerichtet war, und in ihrem Verlauf dahin führte, die ganze Geschichte Frankreichs zu vernichten, so hat die jetzige das Bürgerthum, das Kapital und die Industrie zum Objekt ihres Angriffs gemacht. Wird es ihr gelingen, auch dieses zu zertrümmern? Die Absicht der Führer der großen Volksbewegung kann kaum so weit gehen, das

Bürgerthum zu vernichten, nimmermehr aber es der Plünderung preis zu geben. Inzwischen wird der Mensch oft geführt, wohin er nicht gehen wollte. Welche Mittel haben die Führer der Republik, die entfesselten Leidenschaften, und den momentanen Wahnsinn (denn für einen solchen halten wir die Organisation der Arbeit) zu fesseln? hoffen sie etwa die Volksgunst noch halten zu können, wenn die Mittel fehlen, diese zu bestechen *)? Belehrt uns nicht die alte und neue Geschichte, wie wankelmüthig die Volksgunst ist, und wie ihre Führer immer als die ersten Opfer ihres thörichten Vertrauens fielen?

Eine andere wichtige Frage erhebt sich: wird das bedrohte Bürgerthum sich auf Discretion ergeben? wird es so leicht zu vernichten sein, wie der Adel in der ersten Revolution? und wird es nicht zwischen dem bewaffneten Volke und den bewaffneten Bürgern zu einer Schlacht kommen müssen? und wer wird dann Sieger bleiben? Für wen wird sich die in der bisherigen Weltgeschichte unbekannte Macht der Schüler entscheiden?

---

*) Die interimistische Regierung geht mit raschem Schritt einem Staatsbanquerott entgegen. Obgleich sie große Geldsummen zu ihrer Disposition gefunden hat, so hat die Sparkasse schon ihre Zahlungen ganz eingestellt, wenigstens für alle Summen über 100 Franken, ferner will sie die Kronjuwelen und einen Theil der Kronforsten veräußern, und endlich eine freiwillige Anleihe von 100 Millionen Franken machen; die gezwungenen werden etwas auf sich warten lassen.

Doch was da kommen wird, liegt außer aller Berechnung, unzweifelhaft scheint es aber, daß, fällt der Sieg dem Bürgerthume zu, es diesen nur befestigen kann, wenn es sich der wilden Masse durch einen Krieg nach außen entledigt, selbst auf die Gefahr hin, wieder einer Militair-Herrschaft anheim zu fallen. Siegt dagegen das Proletariat, die Blousen-Männer, so wird, nachdem die wohlhabenderen Klassen geplündert sind, die Industrie vernichtet worden ist, der wilden Masse nur übrig bleiben, sich auf das Ausland zu stürzen. Sei es nun, daß diese Farben zu schwarz aufgetragen sind, daß es noch andere Chancen geben kann, daß in Frankreich die edleren Elemente den Sieg davon tragen und eine democratische Verfassung sich befestigt, jedenfalls muß Deutschland sich auf alle Fälle bereit halten zu einem Kampfe um seine Selbstständigkeit und seine heiligsten Interessen. Doch bevor wir zu der Untersuchung übergehen, was Deutschland zu thun hat, um unter den gegenwärtigen critischen Verhältnissen seine Existenz zu sichern, und ob, und unter welchen Bedingungen ihm die Mittel dazu zu Gebote stehen, halten wir es für nöthig, dem Leser eine weitere Uebersicht der politischen Stellung Deutschlands, Europa gegenüber, vorzulegen.

Seit dem Pariser Frieden und dem Wiener Tractat von 1815 war der europäische Friede durch den deutschen Fürstenbund um so mehr gesichert, als Rußlands Politik sich ganz auf die Seite der conservativen Mächte stellte, und England ungeachtet der freundschaftlichen Verhältnisse zu Frankreich diese doch in dem Augenblicke abgebrochen haben würde, wo Frankreich zu einem Angriffskriege übergegangen wäre. Die neuesten großen Volksbewegungen haben jedoch das Uebergewicht, welches bisher auf Seiten der Friedenspartei bestand, wesentlich verändert, und da der nächste Krieg immer ein Meinungskrieg werden wird, so müssen wir die gegenseitigen Kräfte nach den politischen Farben abwägen. Wenn nicht jeder Schein trügt, so wird sich das republicanische Frankreich in kürzerer Zeit mit Italien vereinigen, und der Versuch einer großen italienischen Republik nicht unterbleiben, wenn Pius IX. und diejenigen Klassen der Nation, die etwas zu verlieren haben, es nicht zu hindern vermögen. Für diesen Fall einer Vereinigung erhält Frankreich einen Zuwachs von 20 Millionen. Ob die Schweiz sich nicht ebenfalls Frankreich anschließen würde, läßt sich im Voraus eben so wenig bestimmen, als ob Belgien seine Unabhängigkeit bewahren wird.

Während Frankreich und die republicanische Farbe, die es vertritt, einen solchen Zuwachs an Macht in Aussicht hat, ist Oesterreich durch die vorhin geschilderten Verwickelungen so bedeutend geschwächt, daß Deutschland von dieser Seite her keine sehr kräftige Unterstützung erwarten darf. Zwar würde wahrscheinlich Rußland als Bürge des Wiener Vertrages vom Jahre 1815, wenn Deutschland von Frankreich angegriffen werden sollte, seine kräftige Unterstützung nicht versagen; inzwischen drängen sich sehr wesentliche Bedenken dagegen auf, sie in Anspruch zu nehmen, wenn nicht die äußerste Noth dazu treibt.

Abgesehen von den nationalen Antipathieen, die in Deutschland gegen Rußland bestehen, und unter Anderm auch in der Besorgniß ihren Grund haben mögen, Rußland strebe dahin, sich noch mehr nach Westen auszubreiten, so wäre die Anrufung der Hülfe Rußlands zur Vertheidigung unserer Grenzen gegen Frankreich ein vor ganz Europa abgelegtes demüthigendes Bekenntniß unserer Ohnmacht.

Wäre es denn aber wirklich dahin gekommen, daß das deutsche Volk, welches sich selbst so gern das große nennt, so schwächlich oder in seinem innern Organismus so zerrüttet geworden sei, nicht ohne die Hülfe der Kosacken sich mehr vertheidigen zu können? Gewiß thut es Noth, klarer darüber zu sehen, ob dem wirklich so sei und zu diesem Zweck einen Blick auf die gegenwärtige Stärke unserer Vertheidigungs-Mittel zu werfen.

Nach den darüber bekannt gewordenen Notizen enthält das Bundesheer, ohne die Reserve, im activen Dienst 303,000 Mann von verschiedenen Waffengattungen, und in Kriegeszeiten 50 pCt. mehr. Daß Oesterreich bei den Verwickelungen, in welchen es sich befindet, so lange diese dauern, ein größeres Heer als sein Bundescontingent von resp. 94,800 Mann im Frieden und 47,400 mehr im Fall des Krieges ins Feld zu stellen vermöchte, ist kaum anzunehmen; dagegen würde Preußen, statt mit seinem Bundescontingent von 79,400 Mann plus 38,700, in Summa 118,100 Mann, mit seiner ganzen Macht von 283,000 Mann im activen Dienst, und mit der Kriegsreserve von 219,000 Mann zur Vertheidigung der eigenen und deutschen Grenzen auftreten.

Die ganze Militairmacht des Bundes, welche selbiger in activen Dienst zu stellen vermöchte, würde mithin im activen Dienst 459,500 Mann betragen. Diesen der Zuschuß Preussens, nach Abzug seines Bundescontingents, mit 382,000 Mann zugerechnet, ergiebt eine Gesammtstärke von 836,500 Mann. Von dieser würden jedoch zur Besetzung der vielen Festungen, zur Beschützung der östlichen Grenzen Preußens und als Garnisonen in den großen Städten eine bedeutende Zahl abgerechnet werden müssen, so daß zum activen Dienst sich diese bis auf 550,000 Mann vermindern würden.

Daß Frankreich dieser Truppenmasse eine wenigstens eben so starke entgegenstellen könnte, unterliegt keinem Bedenken, und haben die früheren Kriege dies vielfältig bewiesen. Zu Gunsten Frankreichs muß nun noch so Manches in die Wagschale gelegt werden:

einmal, daß bei einem Bundesheer niemals die Einheit in den Bewegungen eines großen Heeres bestehen kann, als wenn die Leitung von einem Centralpunkte ausgeht;

zum andern, daß Frankreich jetzt schon an der deutschen Grenze, und zwar an der südlichen, welche unsere schwächste ist, völlig auf den Krieg gerüstet dasteht, dort ein großes Kriegsmaterial angehäuft hat, und zur Offensive bereit ist;

zum dritten, daß der französische Soldat mehr Kriegserfahrung besitzt, und dadurch wenigstens für den ersten Augenblick im Vortheil steht;

viertens, daß Deutschland ohne eine heftige Erschütterung seines inneren Wohlstandes nicht vermögend ist, einen Krieg mit so großen Massen auf die Länge durchzuführen; der Krieg würde sich aber jedenfalls in die Länge ziehen, wenn Deutschland nur die Kräfte entwickelte, seine Grenzen zu vertheidigen. Es besteht daher eine gebieterische Nothwendigkeit, durch die Massen, die man aufstellt, die Nachtheile, deren wir erwähnt haben, zu überwinden, und eine baldige Entscheidung herbei zu führen.

Wenn die hier dargelegten Ansichten richtig sind, wie wohl jeder unparteiische Beobachter zugeben wird, so folgt daraus, daß die Abwehr nur gesichert erscheint, wenn wir entweder Rußland bitten, uns mit einem Heere von 150,000 Mann zu Hülfe zu eilen, was aber der durch ganz Deutschland herrschenden Meinung entgegentritt, oder wenn die Deutschen selbst sich zu einer kräftigen Rüstung entschließen. Preußen wird das Seine thun und die bedeutendsten Mächte Norddeutschlands seinem Beispiel folgen, es wird mithin nur darauf ankommen, daß Süddeutschland sich entscheidet, ob es zu denselben Anstrengungen und Opfern bereit ist, wie ihre nördlichen Brüder.

Um nun mit der auswärtigen Politik abzuschließen, müssen wir noch den Blick auf England richten. Mit der größten Wahrscheinlichkeit kann Deutschland auf die Unterstützung Englands als Garanten des Wiener Traktats von 1815 rechnen, wenn es von Frankreich angegriffen werden sollte. England müßte keine Staatsmänner mehr besitzen, müßte seine früheren Erfahrungen vergessen haben, auf seinen politischen Einfluß in Europa verzichten, und sich selbst demnächst der Gefahr einer Invasion aussetzen wollen, wenn es Deutschland, von Frankreich überfallen, nicht mit seiner ganzen Macht unterstützen wollte.

Durch die Theilnahme Englands an einem solchen Kriege würde Frankreich aber an seinen verwundbarsten Stellen getroffen werden. Zwar kann England nicht direct dazu beitragen, Deutschlands Grenzen zu vertheidigen, allein es kann die französische Marine vernichten, und mit ihr den Seehandel, es kann die Rückkehr des afrikanischen Heeres unmöglich machen, und die französischen Kolonien nehmen.

Durch die Betheiligung Englands an dem Kriege würde aber auch Belgien einen Beweggrund mehr erhalten, neutral zu bleiben, weil seinem Handel und seinen Seeplätzen sonst ebenfalls der Untergang droht. Der wesentlichste Vortheil eines Bündnisses mit England liegt jedoch darin, daß es Frankreich geneigter machen würde, demnächst Frieden zu schließen; ja wäre es thunlich, daß der deutsche Bund jetzt ein Schutzbündniß mit England schlösse, so würde dies vielleicht die jetzige wenigstens scheinbar friedliche Stimmung der intermistischen Regierung der Republik in eine wirkliche verwandeln.

Nachdem wir in den vorherigen Blättern versucht haben, eine Schilderung der Gefahren zu geben, welche Deutschland bedrohen, und der politischen Stellung, in welcher wir uns zum Auslande befinden, wollen wir jetzt den Blick auf unsere inneren Verhältnisse richten. Wenn es überhaupt nöthig ist klar zu sehen, so ist dieses doppelt wichtig im Augenblicke der Gefahr.

Wer Muth und einen festen Willen besitzet, der fürchtet sich nur, wenn er die Schwierigkeiten nicht übersehen kann, welche er zu überwinden hat; nur der Schwache drückt die Augen zu, weil ihm die Kraft fehlt, mit einer der Größe der Gefahr gleichkommenden Kraftentwicklung dieser entgegen zu treten. Daher halten wir es für unsere Pflicht, nach bester Einsicht die Verhältnisse zu schildern, wie sie sind, denn es giebt nichts Gefährlicheres, als sich zu täuschen.

Wie der Arzt, der berufen ist, eine lebensgefährliche Krankheit zu heilen, vor Allem bemüht sein muß, den Sitz der Krankheit und den Umfang des Uebels kennen zu lernen, so auch der Staatsmann; die Aufgabe des Letzteren ist aber um so schwieriger, da jener es nur mit einem Einzelnen, dieser mit einer Vielheit zu thun hat, wo die Kombinationen sich vertausendfachen.

Wo der eigentliche Sitz des Uebels der Verwirrung liegt, die sich des ganzen Vaterlandes bemeistert hat, und von deren Beseitigung Einheit, Kraft, und die Herstellung des inneren Friedens abhängt, ist schwer zu bestimmen. Manche wollen ihn in der verloren gegangenen echten Gesinnung finden; dann fragen wir aber, wodurch diese verloren gegangen sei; die Antwort darauf würde sehr weit führen. Die, welche es aus dem Mangel echter religiöser Gesinnungen erklären wollen, vergessen, daß diese aber vor 40 Jahren mehr fehlte wie jetzt. Auch die sind im Irrthum, welche meinen, der Grund liege in einer sittlichen Verschlechterung, denn diese hat sich seit 50 Jahren bedeutend verbessert. Einen wesentlichen Antheil an dieser Verwirrung hat unstreitig die politische Richtung der Zeit, und diese ist es, die wir mit Uebergehung vieler anderer besonders hervorheben zu müssen glauben. Seit einem halben Jahrhundert befindet sich Europa in einer großen politischen Umgestaltung, in dem Kampf der Vertretung der Volksinteressen gegen die Büreaucratie und Alleinherrschaft.

Die Autocratie, welche seit drei Jahrhunderten die meisten großen Reiche Europas beherrschte, hat die wichtige Mission, die ihr in der Völkergeschichte übertragen war, erfüllt. Ihr verdanken wir unstreitig viel, sie hat eine regelmäßige Civil-, Finanz- und Militair-Verwaltung eingeführt, den Rechtszustand gesichert, Personen und Eigenthum geschützt, die geistige Bildung des Volks, so wie die Künste und Wissenschaften gefördert, zugleich aber Alles dazu vorbereitet, daß das Volk mehr befähigt worden ist, einen Antheil an der Regierung zu nehmen. Ueber den Zeitpunkt des Eintritts, und über das Maaß des Antheils hat man sich jedoch oft nicht verständigen können. Wer die Macht besitzt, trennt sich ungern von ihr; und das wirklich mündig gewordene Volk so wie die Völker, welche sich einbilden es zu sein, zeigen sich gleich ungeduldig, wenn ihnen das entzogen wird, was sie fordern zu können glauben.

Daß eine solche Verschiedenheit der Ansichten zwischen Haupt und Gliedern zur Uneinigkeit führt, ist sehr begreiflich. Wo aber im Hause Mißverständnisse bestehen, da nisten sich, wie dies jetzt so häufig der Fall ist, böse Geister ein, stören den Familien-Frieden, ja bedrohen die Existenz der Familie selbst. Inzwischen würde die Verwirrung, zu der dies in so vielen Ländern geführt hat, keine so allgemeine geworden sein, wenn nicht die politische Verwirrung in den Menschen selbst so überhand genommen hätte, daß beide Theile darüber ihre eigenen Interessen verkennen. In Ländern, wo dem Volke schon lange ein Antheil an der Regierung eingeräumt ist, wie in England, hat sich in Beziehung auf die politischen Rechte und Pflichten, und auf das, was die Landesinteressen fordern, schon eine gewisse Klarheit über den größeren Theil des Volkes verbreitet, während in Deutschland dies leider nicht der Fall ist, wie wir täglich Erfahrungen darüber machen. Doch wir würden uns sehr weit vertiefen müssen, wenn wir die verschiedenen Ursachen der bestehenden Zerwürfnisse weiter verfolgen wollten.

Die Hauptfrage, deren Lösung wir jetzt versuchen, besteht darin, besitzet Deutschland die Kraft, um die Gefahr abwenden zu können, die ihm von außen droht?

Die physische Kraft, wenn die vorhandene zur völligen Entwicklung käme, würde unleugbar zureichen; sie allein entscheidet aber nicht, wenn sie sich nicht auf die moralische Kraft, auf den festen Willen des Volks, und auf eine, über das Ganze verbreitete zweckmäßige Organisation stützt, um von der Kraft einen vollen Gebrauch machen zu können.

Was den letzten Punkt betrifft, auf welchen wir weiterhin zurückkommen werden, so ist dieser höchst mangelhaft. Der Wille, ein einiges starkes deutsches Volk zu sein, ist bis jetzt nur in Worten ausgedrückt, und obgleich wir diesen gern Glauben schenken, so fehlen doch bis jetzt die Beweise.

Mit der moralischen Kraft steht es aber entschieden sehr bedenklich aus.

Was eine solche vermag hat Preußen im Jahre 1813 bewiesen, damals bestand die innigste Vereinigung zwischen König und Volk, und nur diese konnte so Großes leisten; jetzt suchen wir im ganzen deutschen Vaterlande fast vergebens nach einer solchen innigen Vereinigung. Allenthalben in Baden und in Baiern, in Sachsen, in Hessen, in Nassau werden den Fürsten in diesem Augenblicke der Gefahr Concessionen abgefordert, welche von den nur noch nominellen Souverainen ohne Weiteres bewilliget werden. Wahrlich kein Zeichen von moralischer Kraft!

Unstreitig möchte es weise gewesen sein, wenn manche Fürsten billigen Anforderungen ihrer Unterthanen früher entsprochen hätten; ist es denn so schwer die Unmöglichkeit zu erkennen, den Gang der Begebenheiten aufzuhalten; ist es so schwer einzusehen, daß die Kunst des Regierens darin besteht, sich der Bewegung anzuschließen, um sie zu beherrschen?

Daß die Stände, und selbst Corporationen und Einzelne in außerordentlichen Zeiten der Regierung ihre Wünsche, ihre Besorgnisse vortragen, und Rathschläge ertheilen, verdient gewiß keinen Tadel; wie kann es aber gebilligt werden, wenn in einem constitutionellen Lande Corporationen den Monarchen bestürmen, seine Minister zu entlassen, oder man durch einen Straßenauflauf sie zu vertreiben sucht. Wer erblickt hierin nicht die ersten Schritte zur Anarchie? und die Spuren des weiteren Umsichgreifens einer Auflösung aller gesetzlichen Ordnung finden sich schon in Würtemberg, Baden, Hessen.

Ob die eigenthümlichen Verhältnisse in Baden eine allgemeine Volksbewaffnung nöthig machen, können wir nicht beurtheilen; wenn nun aber an vielen Orten, welche keinem

Einfall zügelloser Freischaaren des Nachbarlandes ausgesetzt sind, eine sofortige Volksbewaffnung gefordert wird, so ist dies ein Verlangen, welches darauf hindeutet, daß die Regierung nicht mehr die Macht habe, Personen und Eigenthum zu schützen, oder daß man sich derselben gegen die Regierung selbst bedienen wolle. Eine Volksbewaffnung hat in uns von je her einen eifrigen Verfechter gefunden, weil sie gleichzeitig zu einer Verminderung des stehenden Heeres führt, und die Vertheidigungsmittel bedeutend erhöht; aber sie muß geregelt sein, wie dies in der preußischen Landwehrverfassung der Fall ist; nur dann kann sie von Nutzen gegen den Feind sein, ohnedies wird sie den Bürgern selbst gefährlich.

Ein anderes recht trauriges Bild von dem moralischen Zustand in Deutschland gewähren die Vorfälle in Hanau und Nassau; diese zeugen doch von einer gänzlichen Auflösung der Unterthanen- und Soldatenpflichten, und der Schwachheit der Verwaltung.

Wenn man den inneren Zustand von Frankreich mit dem von Deutschland vergleicht, so findet man dort die vollkommenste Ruhe, hier Waffentumulte und Wirrwarr an allen Ecken. In Frankreich hat die Revolution ein Königthum zertrümmert, und zeigt, wenn auch einen schauerlichen, doch großartigen Character. Ein Theil der deutschen Volksstämme dagegen, anstatt sich ernstem Nachdenken über die Gefahren hinzugeben, welche ihre Selbstständigkeit und socialen Interessen bedrohen, und die Regierung im Augenblick der Gefahr zu unterstützen, macht im ächten Geiste der deutschen Kleinstädter allenthalben Krawall, wirft Fensterscheiben ein, schreibt Adressen *), und verlangt Zugeständnisse, welche der Drang der Umstände ihnen ohnehin schon verbürgt.

Unter den Anforderungen, die an die Regierungen gemacht werden, steht in erster Reihe die Preßfreiheit. Zum Schwert zu greifen scheint in diesem Augenblicke wichtiger, als zur Feder. Mit letzterer werfen wir auch nicht einen Franzosen zurück über den Rhein, wenn sie diesen überschreiten sollten. Sehr leicht kann aber durch sie, und durch den Unsinn, welchen sie zu Tage fördern wird, böser Saamen unter unsere, noch nicht für eine richtige Würdigung der freien Rede vorgebildete untere Volksklasse ausgestreut werden, besonders in einem Augenblicke allgemeiner Mißstimmung, wo der Communismus und die Idee der Organisation der Arbeit sich in Frankreich auf den Thron der Bourbons gesetzt hat, und wo bei uns die Erwerblosigkeit sehr zum Mißmuth stimmt.

Dem ganzen deutschen Publikum ist es bekannt, daß wir stets ein eifriger Verfechter der freien Presse gewesen sind, und als politischer Schriftsteller, der sich zur Aufgabe gestellt hatte,

---

*) Mehrere von diesen Adressen sind würdig, und in ächt vaterländischem Geiste gefaßt, und berühren wichtige Gegenstände von nationalen Interessen, andere dagegen enthalten ungereimte Forderungen, und laufen, gleich den Zeitungen, die ein Blatt dem andern nachschreiben, durch die Welt.

die Regierung auf so manche Mängel in der Verwaltung aufmerksam zu machen und sie zur weiteren Entwickelung der Verfassung aufzufordern, haben wir persönlich manche Erschwerungen bei der Veröffentlichung unserer Ansichten erfahren; daher besorgen wir nicht, daß unserer Warnung die Deutung gegeben werde, wir wären ein Gegner der freien Presse geworden.

Als wir sie früher forderten, befanden wir uns im tiefen Frieden, und dies schien der rechte Zeitpunkt, durch eine freie Rede so manche Controversen zur Erörterung zu ziehen und vor das Forum der Oeffentlichkeit zu bringen; in dem Augenblick aber, wo Hannibal vor den Thoren von Rom steht, ist es nicht der günstige Augenblick, sociale Probleme zu lösen. Inzwischen die freie Presse ist in Deutschland nicht mehr zurück zu halten, nachdem auch Preußen sie proklamirt hat. Jetzt ist es aber die Aufgabe der Presse, sich der gewonnenen Freiheit würdig zu zeigen; Vertretung der großen Interessen des Vaterlandes, die Einheit Deutschlands, die Einheit zwischen Fürsten und Volk werde die allgemeine Losung. Großartige Reformen in der Verfassung, namentlich des deutschen Bundes, sind ihrer würdige Gegenstände; dagegen vertage sie alle diese kleinen Zwistigkeiten zwischen den politischen Parteien, und entwürdige sich nicht durch hämische Angriffe auf die Regierungen, sie streue den Saamen der Eintracht, nicht den der Zwietracht, aus.

Nachdem sich Deutschland eine starke, ganz Deutschland

umfassende militairische Organisation gegeben hat, und nachdem ein Bundes-Organ geschaffen sein wird, welches die großen gemeinschaftlichen Interessen des deutschen Volkes wahrzunehmen und ihr Geltung zu verschaffen die Kraft hat; dann ist es immer noch Zeit, den kleinen Krieg wieder aufzunehmen, wenn man bis dahin nicht vernünftiger geworden ist.

Wie wenig Einigkeit Deutschland vielleicht am Vorabend eines Kampfes um seine Existenz zeigt, welcher Wirrwarr in Folge der Zerrissenheit Deutschlands in so viele kleine Souverainetäten, und des Mangels einer starken Bundesverfassung sich über Deutschland verbreitet hat, bedarf als bekannt keiner weiteren Ausführung. Will das deutsche Volk aber nicht noch einmal dem Auslande gegenüber die demüthigende Rolle spielen, die ihm schon so oft zu Theil geworden ist, von seinen Nachbarn erobert, verwüstet und geknechtet zu werden, so ist es die allerhöchste Zeit, sich zu einem festen Kern zu bilden, ehe es zu spät ist: lebt noch in der Brust des Deutschen ein Funke von ächter Vaterlandsliebe, Nationalstolz und Ehre, wie es so viele Zeichen hoffen lassen, so ist jetzt der Augenblick da, dies zu bethätigen. Ist dieser aber in der Masse wirklich erloschen, unterstützt der Bruder den Bruder nicht mehr mit gleicher Hingebung, dann wird es heißen: sauve qui peut.

So wirkungslos der deutsche Bund selbst durch seine ganze Organisation geblieben ist, und so bedeutend auch die Schwächung sein mag, welche er durch die inneren Verwickelungen, in welchen die Hauptmacht sich befindet, erfahren hat, so wie durch die Ohnmacht mancher einzelnen Regierungen, so giebt es doch noch einen großen festen Kern in Deutschland, welcher zu einem Vereinigungspunkt des deutschen Volks ganz geeignet erscheint. Diesen Kern bildet ohne alle Frage Preußen mit einem Nationalheer von 500,000 Mann, ein an König und Vaterland hängendes, intelligentes Volk von 16 Millionen Einwohner, welches sich dadurch ehrenwerth auszeichnet, daß es die Einheit anstrebt, seine Freiheiten und Rechte schützende Institutionen, zugleich aber auch eine starke Regierung verlangt. In einem Augenblicke, wo Preußen die einzige Macht ist, auf die Deutschland blickt, und an die es sich seiner Erhaltung wegen fest anzuschließen gedrungen fühlt, ist es von der größten Wichtigkeit, daß ein gegenseitiges volles Vertrauen das Band fester knüpfe, und das übrige Deutschland in Preußen nicht allein den Vorkämpfer im Kriege, sondern auch den Bürgen seiner verfassungsmäßigen Rechte und eines geregelten aber zeitgemäßen Fortschritts erkennt. Wir wollen hier nicht auf die Gründe eingehen, weshalb die Stimmung in Deutschland gegen Preußen schon so oft gewechselt hat, inzwischen ist sie in letzterer Zeit viel günstiger geworden, namentlich in Folge des Patents vom 3. Februar 1847, der Veröffentlichung der Berathungen des Vereinigten Landtages, und des kürzlich versammelt gewesenen ständischen Ausschusses, ferner seit Einführung eines öffentlichen und mündlichen Verfahrens bei den Gerichtshöfen*) so wie der Berathung eines Wechselrechts für ganz Deutschland. Inzwischen täuschen wir uns nicht, ein volles Vertrauen wird erst dann eintreten, wenn der preußische Monarch seinen Ständen diejenigen Rechte eingeräumt haben wird, welche diesen einen wirksamen Einfluß auf die Gesetzgebung und innern Angelegenheiten der Monarchie sichern. Dieser Zeitpunkt wird unzweifelhaft in nächster Zeit eintreten, und um so mehr Zutrauen erwecken, wenn man mit der inneren Organisation der Monarchie und dem Entwickelungsgang welchen der Monarch verfolgt hat, bekannt ist. Jedenfalls hat Preußen jetzt schon einen stärkeren Unterbau zu einer Verfassung als irgend einer der Schwesterstaaten in Deutschland, und der preußische Unterthan erfreut sich so mancher Rechte und Freiheiten, welche in den constitutionellen Ländern Deutschlands den Bürgern noch nicht gewährt sind**). Preußen bedarf nur noch der Einführung einer guten Landgemeinde-Ordnung und der Entfernung einiger aus früherer Zeit überkommenen, jetzt werthlos gewordenen Privilegien, so wie in einigen Theilen der Monarchie der Einführung der

*) Die Oeffentlichkeit des Gerichtsverfahrens ist zwar erst theilweise eingeführt, wird es aber über die ganze Monarchie.

**) Dahin rechnen wir die allgemeine Bewaffnung des Volkes, die Städte-Ordnung, die fast uneingeschränkte Verwaltung der Communal-Angelegenheiten, die Militairpflichtigkeit ohne Rücksicht auf Stand, die dem Volke zustehende Controlle bei den Steuern und bei der Einstellung der Militairpflichtigen, die Aufhebung aller Feudallasten oder ihre Ablöslichkeit u. dgl. m.

Geschwornen-Gerichte, und das Fundament ist ganz vollkommen. Dagegen hat es bisher den Ständen an einer Repräsentation gefehlt, welche stark genug war, der Bureaukratie wirksam entgegen zu treten, und einen wirksamen Einfluß auf die Gesetzgebung und auf den Staatshaushalt auszuüben.

Seit dem Antritt der Regierung des Königs war es unstreitig seine Absicht, seinem Volke eine Verfassung zu geben; inzwischen verfolgte er bei Ertheilung derselben zwei Grundsätze: der eine war ein allmähliger Ausbau der Verfassung auf historischer Grundlage, in zeitgemäßer Form; der zweite, es seinem freien Willen vorzubehalten, bis wie weit und zu welcher Zeit er Concessionen machen wollte. In Folge dieses Systems, welches bisher mit Consequenz festgehalten ist, hat sich wegen der stückweisen Ertheilung von Zugeständnissen die Aufregung im Lande sehr vermehrt, und ist die Regierung vielen Angriffen ausgesetzt gewesen.

Es liegt hierin und in den mancherlei Mängeln in der Verwaltung, eine Folge des bis jetzt verfolgten Systems, die Ursache, weßhalb derjenige Theil der Nation, welcher von gutem und gesundem Geiste und wahrer Liebe für König und Vaterland durchdrungen war, dennoch Anstand nahm, sich der Regierung anzuschließen, weil diesem die gegebenen Concessionen nicht genügten, und weil ihm bei der bestehenden heftigen politischen Bewegung der Weg der halben Zugeständnisse bedenklich schien. Besonders zeigte sich in der Rheinprovinz und in Ostpreußen der Andrang nach der weiteren Ausbildung der Verfassung am stärksten, weil beide Provinzen als Grenzländer das nächste Interesse an der Kräftigung der Monarchie hatten.

Allein während das von oben verfolgte System auf der einen Seite wesentliche Nachtheile mit sich führte, so trug es doch auf der anderen Seite seine Früchte. Unstreitig war die politische Entwickelung in manchen Theilen der Monarchie sehr ungleich, es würde daher, wenn eine reichsständische Versammlung gleich nach dem Regierungsantritte des Monarchen zusammen berufen wäre, keineswegs den Erfolg gehabt haben, den die Freunde eines raschen Fortschritts wünschten, ja es hätte leicht dahin führen können, die Entwickelung, statt sie zu fördern, zu hemmen. Durch die stückweise Ertheilung von Rechten, durch die politische Aufregung, die diese hervorgerufen, und durch die Kämpfe auf den Provinzial-Landtagen hat sich seitdem eine richtige, mehr verbreitete politische Ansicht entwickelt, wie der vereinigte Landtag es bewiesen hat, obgleich die, auf diesem erschienenen Abgeordneten nur gewählt waren, die Communal- und Provinzial-Angelegenheiten der Provinz zu berathen, nicht aber Glieder eines großen politischen Körpers zu bilden.

Eine Verfassung, die als geläutertes Resultat eines Meinungskampfes hervorgeht, beruht auf innerer Wahrheit, und wird schon deßhalb werther gehalten, weil sie mühsam erkämpft ist.

Durch das Patent vom 1. März dieses Jahres, hat nun

der Monarch auf Antrag des Vereinigten Landtages die Periodicität, welche in dem Patent vom 3. Februar 1847 dem ständischen Ausschuß zugetheilt war, der Reichsständischen Versammlung übertragen, auch dieser das ausschließliche Recht zugestanden, die Controlle des Staatsschuldenwesens zu führen, so wie das Bewilligungsrecht von Staatsanleihen, wenn selbige bedurft werden.

Durch dieses Gesetz ist zwar wieder ein Schritt vorwärts in der verfassungsmäßigen Entwickelung gemacht, der aber noch keineswegs die Wünsche des Volks erfüllt hat, weil namentlich die Bewilligung einer vierjährigen periodischen Wiederkehr in einer Zeit wie die jetzige, wo das Schicksal der Völker in Tagen und Wochen entschieden wird, allen Werth verliert.

Auch die Aussicht welche der Monarch zugleich ertheilte, die allgemeinen Stände bei den jetzigen kritischen Verhältnissen bald wieder um sich zu versammeln, hat nicht befriedigt.

Der regelmäßigen Wiederkehr der allgemeinen Stände in nicht entfernten Zeiträumen, liegt ein dringendes Bedürfniß zum Grunde. Ganz abgesehen von allen politischen Fragen, so fordern die inneren Verhältnisse eine reifliche Erwägung und eine baldige Reform.

Es bestehen in der Verwaltung und in den Principien die bisher angewandt sind so wesentliche Mängel, die einer schleunigen Entfernung bedürfen, wenn dem im starken Sinken begriffenen Wohlstand des Volkes Einhalt geschehen soll. Besonders, um nur einen Punkt hervor zu heben, sind die

Geld- und Creditverhältnisse der Nation durch, aus Unkunde hervorgegangene, ganz verkehrte finanzielle Maaßregeln in einen so bedauerlichen Zustand gerathen, daß wenn nicht bald ein richtigeres System verfolgt wird, die traurigsten Folgen daraus entstehen müssen. Die Guts-, die Hausbesitzer und die Gewerbetreibenden empfinden dies am meisten. Es fehlt die Gelegenheit, auf die besten Sicherheiten Geld zu erhalten, die Zerstörung des Kapitals, die Stockung der Gewerbzweige, die Erwerblosigkeit der unteren Volksklasse und großer Mißmuth sind die Folgen davon; allein nicht die Einzigen, denn eine empfindliche Rückwirkung auf die Staatseinnahmen wird nicht ausbleiben*).

---

*) Dies hier weiter auszuführen ist nicht der Ort. Der von uns so dringend bevorwortete Plan der Errichtung einer großen Landesbank, um das nahende Unwetter bei Zeiten abzuwenden, wurde verworfen, und statt dessen eine gemischte Königliche und Privatbank errichtet, welche nur mit denen Geschäfte macht, welche sich selbst auf der Börse zu helfen vermögen; dagegen läßt sie die Zahl der Kaufleute und Fabrikanten, von welchen die Gewerbthätigkeit der großen Masse abhängt, hülflos. Die Gründe, weßhalb diese gemischte Bank, besonders bei einer so fehlerhaften Organisation dem Lande nicht nutzen, und dem Kredit nicht aufhelfen konnte, haben wir in der kleinen Schrift „über Banken" nachgewiesen. In welchem hohen Grade hat sich unsere Ansicht bestätiget, daß eine solche Bank den Credit nicht zu erhalten vermöchte. Die Börse, dieser ziemlich sichere Barometer, hat zu Gunsten unserer Ansichten den Spruch gefällt: von allen Papieren sind die Bankactien-Antheile am tiefsten gefallen. Die Staatsschuldscheine sind 8—9 pCt., die Pfandbriefe etwa 6 pCt., die preußischen

Obgleich das gespannte Publikum wohl Grund hat, diese neusten Vergünstigungen als unzureichend zu betrachten, so müssen wir doch, vorausgesetzt, daß wir die Absicht der Regierung errathen, mit der Einberufung des Vereinigten Landtages nicht länger zu säumen, ihr darin beistimmen, daß sie wohl that, für den Augenblick die zweijährige Periodicität des Landtages nicht auszusprechen. Während andre deutsche Regierungen sich entweder ganz weigern vorzugehen, wie die österreichische, und die Monarchie lieber der größten Gefahr entgegen führen*), während andere deutsche Regierungen sich überstürzen, Zugeständnisse zu machen, welche sie zum Theil längst hätten gewähren sollen, hat Preußens Regierung, mit Rücksicht auf die innere Ruhe von Deutschland und die Achtung des Auslandes alle Ursache, eine gewisse feste Haltung öffentlich zu bekunden.

Der König, indem er den Anträgen des Vereinigten Landtages seine Zustimmung ertheilte, hat zwar nicht mehr gethan, als die früheren Wünsche der Stände zu erfüllen. Inzwischen seine, den Ständen gleichzeitig gegebene Erklärung, sie vielleicht bald wieder zu sehen, hat den Weg angebahnt,

---

Bankactienscheine 33 pCt. gefallen. So wenig Vorliebe, als wir zu diesen Papieren haben, so müssen wir doch sagen, dazu ist kein Grund vorhanden.

*) Diese Gefahr, von welcher wir vor einigen Tagen als entfernt sprachen, ist eingetreten, auch das alte Kaiserreich ist als solches in Folge des falschen Systems gebrochen; und was aus seinen Bestandtheilen werden wird, kann erst die Zukunft uns lehren.

in einem ganz regelmäßigen Geschäftsgange den weiteren Verfassungsbau auszuführen.

Aus dem staatsmännischen Gesichtspunkte betrachtet, war Grund vorhanden, die zweijährige periodische Wiederkehr des Vereinigten Landtages nicht auszusprechen. Ohne diese mit andren, sehr wesentlichen Veränderungen in der bisherigen Verfassung zu verbinden, würde wieder nur ein halber Schritt gewesen sein. Wir müssen bei diesem Gegenstande noch einen Augenblick verweilen.

Die Zusammenberufung des ersten Vereinigten Landtages und die Bildung einer Herrencurie war in der Absicht erfolgt, die früher, vom vorigen König seinem Volke gegebene Verheißung zu lösen, und ganz unverkennbar lag eine wiederholte Zusammenberufung nicht in der Absicht, und war nur für ganz außerordentliche Fälle aufgespart. Statt dessen wurden seine Befugnisse in jenem Patent dem ständischen Ausschuß, und der Kommission zur Kontrolle des Staatsschuldenwesens übertragen.

Durch die Beseitigung dieser beiden Institute und durch die Periodicitäts-Erklärung des Vereinigten Landtages hat sich die Lage der Verhältnisse wesentlich geändert, und im Interesse der Krone, so wie im Interesse des Volkes müssen sowohl in der Zusammensetzung der beiden Kammern als in dem Wahlgesetze selbst wesentliche Veränderungen eintreten, auch jedenfalls definitive und klare Bestimmungen darüber erfolgen, welche Rechte den, sich regelmäßig versammelnden Reichsständen der Regierung gegenüber eingeräumt werden sollen. Durch das Patent vom 3. Februar hat jedoch der König den Ständen die Zusicherung ertheilt, ohne ihre Zustimmung keine Veränderungen in der Verfassung vornehmen zu wollen, es war mithin kein Grund vorhanden, durch einseitige abschlägige Kommissionen sich von Seiten der Krone weiter zu binden.

Wenden wir uns wieder dem Ausgangspunkte unserer Gedankenreihe zu, daß die inneren und äußeren Verhältnisse des gesammten Vaterlandes eine Aufforderung enthielten, sich vertrauensvoll mit Preußen zu vereinigen, und daß in dessen größerer Militärmacht kein Grund zu einer Besorgniß wegen Gefährdung der Rechte und Freiheiten der minder mächtigen Staaten liege; sondern im Gegentheil, daß nach Vollendung des Ausbaus der preußischen Verfassung in der Uebereinstimmung des Königs mit seinem Volke eine Bürgschaft für die Sicherung der Interessen aller übrigen kleineren Länder liege.

Dieser Ausbau der preußischen Verfassung, der Schlußstein des ganzen Gebäudes, steht in naher Aussicht; nach dem Patent vom 5. März sind die Stände des Reichs auf den 27. April zusammenberufen*).

---

*) Die Begebenheiten folgen so rasch auf einander, daß sie der Feder voraus eilen. Während wir die vorliegende Schrift verfaßt haben, sind wir verschiedentlich genöthigt gewesen, in Folge neuer Ereignisse Veränderungen in dem Text des Buches vorzunehmen; das vorliegende Edict ist uns auch erst zugekommen, nachdem wir den darauf bezüglichen Gegenstand bereits besprochen hatten.

Der Monarch hat, indem er in einem so kritischen Augenblick, wie der gegenwärtige ist, den Vereinigten Landtag um sich versammelt, seinem Volke einen Beweis von vollem Vertrauen gegeben.

Da das Einberufungs-Patent wahrscheinlich nicht zur Kenntniß aller Leser dieser Schrift gekommen sein wird, so lassen wir es hier folgen.

Patent

wegen Einberufung des Vereinigten Landtages.

Wir Friedrich Wilhelm, von Gottes Gnaden König von Preußen ꝛc., haben im Verein mit der Kaiserlich österreichischen Regierung unsere deutschen Bundesgenossen eingeladen, sich unverzüglich zu einer gemeinsamen Berathung über diejenigen Maaßregeln zu vereinigen, welche unter den gegenwärtigen schwierigen und gefahrvollen Verhältnissen das Wohl des deutschen Vaterlandes erheischt, und sind entschlossen, mit allen Unseren Kräften dahin zu wirken, daß diese Berathungen zu einer wirklichen Regeneration des deutschen Bundes führen, damit das deutsche Volk, in ihm wahrhaft vereinigt, durch freie Institutionen gekräftiget, nicht minder aber auch gegen die Gefahren des Umsturzes und der Anarchie geschützt, die alte Größe wieder gewinne, damit Deutschland den ihm gebührenden Rang in Europa einnehme. Welches aber auch der Erfolg dieser unserer Bemühungen sein möge, so werden jedenfalls dadurch Maaßregeln für Unsere Staaten bedingt, zu deren Ausführung Wir der Mitwirkung Unserer getreuen Stände bedürfen. Dieserhalb, und weil Wir überhaupt in so großen und entscheidenden Epochen wie die gegenwärtige Uns nur in Vereinigung mit Unseren Ständen stark fühlen, haben Wir beschlossen, den Vereinigten Landtag auf Donnerstag den 27. April d. J. in Unserer Haupt- und Residenzstadt Berlin zu eröffnen, und beauftragen das Staats-Ministerium die Einberufung desselben durch den Minister des Innern zu veranlassen, auch die sonst erforderlichen Vorbereitungen zu treffen.

Gegeben, Berlin den 14. März 1848.

(Gez.) Friedrich Wilhelm.

Es darf nicht übersehen werden, daß der jetzt vom Monarchen einberufene Vereinigte Landtag eine constituirende Versammlung wird; wie wir vorhin schon bemerkt haben, so ist in dem Patent vom 3. Februar 1847 die Zusicherung ertheilt, sich bei jeder künftigen Veränderung in der Verfassung des Beiraths der Stände bedienen zu wollen.

Welche Wünsche das preußische Volk hegt, und welche Rechte es im Interesse der Krone und des Volks in Anspruch nehmen zu müssen glaubt, ist der Regierung bekannt, von der Hochherzigkeit des Königs ist daher zu erwarten, daß es seine Absicht sei, diese zu gewähren, und von seiner Weisheit, daß wenn es nicht sein Wille wäre, er unter so bedenklichen Verhältnissen wie die gegenwärtigen, die Stände nicht zusammen berufen haben würde.

Von einigen Seiten her wird der Zusammentritt der Reichsstände in einem Augenblick wie der jetzige als bedenklich geschildert, indem man befürchtet, daß übertriebene Anforderungen gemacht werden könnten. Obgleich es nicht zu leugnen ist, daß sich eine große Aufregung der Gemüther, selbst in Preußen bemeistert hat, es mithin nicht an excentrischen Ansichten in der Versammlung der Stände fehlen wird: so flößt doch der gute gesunde Sinn, der in Preußen herrscht, und die Anhänglichkeit an den Monarchen, welche noch zu tief in der Brust jedes ächten Preußen wurzelt, volles Vertrauen ein. In Zeiten, wie die jetzigen, wo die Zukunft Preußens in Gefahr steht, ist die Einigkeit zwischen König und Volk und der Stände unter sich eine ernste Pflicht und die erste Bedingung zur Gewinnung der Kraft, das Reich zu schützen.

In solchen Augenblicken ist es die Aufgabe Aller, und besonders der Vertreter eines großen Volks, über den höheren Rücksichten die kleineren zu vergessen, und während sie auf der einen Seite den gerechten Ansprüchen des Volks Geltung zu verschaffen suchen, so müssen ihnen auf der andern Seite die Rechte der Krone ein Heiligthum sein. Es darf nicht vergessen werden, daß nur eine starke Regierung die Parteiung und den nie zu tödtenden Egoismus in Schranken zu halten vermag, und daß nur unter ihren starken Flügeln die Wohlfahrt des Landes im Innern und nach Außen gesichert ist.*) Gegen Absolutismus und Beamten-Willkür gewährt aber eine reichsständische Verfassung vollkommenen Schutz.

So wenig daran zu zweifeln ist, daß auf dem nächstbevorstehenden Vereinigten Landtage die Verfassung Preußens definitiv und so geordnet werden wird, daß Deutschland keinen Grund behält, für seine Institution besorgt zu sein, so dringend fordert es das Interesse Preußens und Deutschlands, durch eine gemeinschaftliche Repräsentativ-Verfassung, durch eine neue Bundes-Acte dem ganzen Gebäude seinen Schlußstein zu geben.

Von der Nothwendigkeit einer stärkeren Reichsverfassung als die bisherige, davon sind die Fürsten schon überzeugt, und alle, für Deutschlands Größe und Einheit begeisterten Gemüther, im ganzen Umfange des gemeinschaftlichen Vaterlandes stimmen diesen bei.

Soll aber ein festes Gebäude für die kommenden Geschlechter errichtet werden, so müssen Alle, die Fürsten und die Völker theilnehmen an dem großen Bau. Doch gleich einem guten Baumeister wollen wir, ehe wir zum Bau selbst schreiten, die Fehler des alten Gebäudes untersuchen,

---

*) Das Großherzogthum Baden führt den Beweis für obige Behauptung; wo der Regierung die moralische Kraft genommen ist, da ist Unordnung, Raub und Verwüstung an der Tagesordnung, da fehlt eben das, was für einen Hauptvorzug der monarchischen Verfassung gilt.

und ob dieses noch brauchbares Material zu dem neuen Bau liefert.

Wenn wir uns bisher enthalten haben, einen tieferen Blick auf die lockeren Zustände zu werfen, in welchen wir uns befinden, so wie auf die geistige Verwirrung und Armuth und auf die mannichfachen schweren Krankheiten, an welchen das gesammte Vaterland leidet, so ist dies unterlassen, um die schon so besorgten Gemüther nicht noch mehr in einer Zeit zu beunruhigen, wo wir vor Allem Muth gebrauchen, um das Vaterland zu retten. Aber nicht der blinde Muth, der Gefahr Trotz zu bieten ist es, den wir fordern, sondern der geistige Muth, sich frei von Vorurtheilen, frei von Leidenschaften besonnen der Gefahr entgegenzustellen, und diese mit derjenigen geistigen Kraft zu besiegen, die Gott dem Menschen zu diesem Behuf verliehen hat.

Ob die neueste französische Revolution, die wie ein electrischer Schlag Europa ergriffen hat, in ihren Folgen auf Deutschland zum Heil, oder zur Zerstörung führen wird, liegt in der Fügung des Schicksals, so wie in unserer eigenen Hand.

Die Sünden der Väter sind es, die wir jetzt büßen, und unsere eigenen mit, weil wir uns nicht früher von selbigen frei zu machen gewußt haben.

Nach den schweren Leiden, welche das Vaterland erduldet hatte, und aus welchen die im Jahre 1813 erwachte Kraft es befreite, war es an der Zeit, Deutschland eine starke Organisation nach Innen und nach Außen zu ertheilen, auf die

Bildung eines kernhaften, unter sich und mit ihrem Fürsten einigen Volkes hinzuwirken, und durch eine die Rechte und Pflichten beider Theile scharf bezeichnende Verfassung Achtung vor dem Gesetz zum Gemein-Gut zu machen.

Allein mit dem Schall des letzten Kanonenschusses verschwanden die Erinnerungen der Vorzeit, und alle die großen Lehren, welche die damals neuesten Ereignisse den Fürsten und Völkern gegeben hatten, waren vergessen. Der kaum geschlossene Friede erweckte gleichsam wie aus einem Winterschlaf alle alten Sünden, die Selbstsucht, den unächten Stolz, die Herrschsucht, die Intoleranz, den Rockelor und die Demagogie mit allen ihren Schattirungen, Alles ward wieder wie es früher gewesen war, die Eifersucht der deutschen Volksstämme gegeneinander, und ganz besonders gegen Preußen nicht ausgenommen, und die unendlich großen Opfer welche es für die Befreiung des Vaterlandes gebracht hatte, waren bald ganz vergessen.

Allein einen noch geringeren Einfluß, als auf das Volk, hatten die Lehren der Zeit auf die Beschlüsse der Fürsten. Die frühere Verfassung Deutschlands, einen Kaiser an der Spitze, hatte sich als zu schwach gezeigt. Statt nun dem neu errichteten Bunde mehr Einheit und ein festeres Präsidium zu geben, als im Kaiserreich, statt einen völkerrechtlichen Bund zu stiften, wie es die erste Absicht war, errichtete man einen Fürstenbund, bestehend aus 39 Souverainen, die sich einer dem andern ihre Souverainetät verbürgten, — doch nur gegen ihre Völker — und die sich eine rein republikanische Form gaben (die schwächste von allen, die es giebt), wobei sie, jeder auf seine Souverainetät eifersüchtig, nach dem Vorbilde der alten polnischen Reichstage das liberum veto einführten.

Inzwischen zeigte es sich bald, daß die in der Bundesacte ausgesprochene Souverainetät der Fürsten bei den Bundesbeschlüssen eine rein imaginaire war, denn die Hauptmacht des Bundes, Oestreich, beherrschte vollständig alle Beschlüsse desselben. Zwar hätte Preußen Oestreich eine Opposition entgegenstellen können, allein theils war es auch von der Besorgniß vor Revolutionen in Deutschland, die ihm Metternich einzuflößen gewußt hatte, ergriffen, anderntheils glaubte Preußen, sich von Oestreich im Interesse des europäischen Gleichgewichts nicht trennen zu dürfen; zugleich, ja es blieb selbst noch zweifelhaft, ob bei der Eifersucht der übrigen Fürsten gegen Preußen es nicht von diesen verlassen worden wäre.

Der vorherrschende Einfluß Oestreichs auf den Bund wurde aber vorzugsweise dazu benutzt, sein Staatssystem auch auf Deutschland anzuwenden, es strebte jeder freien Volksentwickelung in Deutschland entgegen (die Beweise sind bekannt und bedürfen keiner weiteren Ausführung) und erreichte theilweise seinen Zweck.

Das Oesterreichische System war aber eben so wenig ein conservatives, als Metternich ein großer Staatsmann. Unhaltbare Zustände festhalten zu wollen, sie nicht allmählig und den Verhältnissen angemessen überzuführen, heißt eine gewaltsame Umwälzung erzwingen; und wer so etwas will, ist ein gefährlicher Revolutionair. Dies haben wir, wie bereits gesagt, Metternich schon im Jahre 1844 in der Schrift die Europäischen Staaten zugerufen, ein damnatur war die Antwort*).

Drei und dreißig Jahre besteht der deutsche Bund, ohne mit Bezug auf die inneren Verhältnisse ein weiteres Zeichen seines Daseins gegeben zu haben, als daß er dem deutschen Volke noch die wenigen Rechte verkümmert, welche der Wiener-Vertrag ihm zubilligte, und daß er mit Bezug auf die Vertheidigung des Vaterlandes den Bau der Festungen 33 Jahre verzögerte, die bestimmt waren, die offene Bresche, durch welche Frankreich in Süddeutschland einrücken kann, zu schließen.

33 Friedensjahre sind leider in Beziehung auf seine innere Entwickelung und die Befestigung seiner Regierungen verloren gegangen, und es wird große Anstrengung fordern, sie wieder einzuholen.

Ein erfreuliches Zeichen ist es, daß die Bundesbehörde selbst, durch den Bundesbeschluß vom 1sten März anerkannt hat, daß die Umgestaltung des Bundes im Bedürfniß des deutschen Volkes liege, und daß in allen Theilen Deutsch-

*) Durch ein merkwürdiges Zusammentreffen der Umstände erfahre ich, wohl eine halbe Stunde nachdem ich obige Worte niedergeschrieben, den Sturz Metternichs und die mit Erfolg gekrönte Revolution in Wien.

lands sich das Verlangen nach einer starken Bundes-Verfassung ausspricht; aber nur in einer Zeit, wie die jetzige, wo die minder mächtigen Fürsten das Gefühl der Gefährdung ihrer Existenz haben, wird es möglich sein, die Glieder des Bundes zu bewegen, die kleinen Rücksichten fallen zu lassen und die tief eingewurzelten Vorurtheile zu ihrem eigenen und ihrer Völker Wohl zu opfern.

Nach dem Programm der jetzigen Regierung in Frankreich wünscht die Republik den Frieden zu erhalten, inzwischen noch mehr wünscht sie, daß andere Völker aus eigenem Antriebe Republiken errichten, und verspricht ihnen für diesen Fall Unterstützung.

Wie lange die jetzigen an der Spitze der Republik stehenden Leiter die Zügel behalten oder wer ihre Nachfolger sein werden, welchem Verhängniß Frankreich überhaupt anheim fallen wird, liegt im Dunkel der Zukunft verborgen, und kaum glaublich ist es, daß sich die Ruhmsucht des französischen Volks zügeln lassen wird.

So wünschenswerth nun auch die Erhaltung des äußeren Friedens ist, besonders in der gegenwärtigen höchst beunruhigenden Crisis, so darf Deutschland doch nicht auf die Hoffnung hin, der Friede werde erhalten bleiben, sich abhalten lassen, auf alle Fälle, die eintreten können, gefaßt zu sein.

Inzwischen, wenn wir auch mit Krieg, dieser Geißel der Völker, verschont bleiben, so fordern es doch schon die innern Zustände Deutschlands, daß der Bund sich eine Organisation gebe, welche geeignet ist, die jetzigen politischen Unruhen zu besänftigen, mehr Uebereinstimmung in der Gesetzgebung herbeizuführen, die materiellen Interessen zu fördern, und aus den einzelnen Volksstämmen ein einiges großes, kräftiges, deutsches Volk zu schaffen.

So wie die gegenwärtige Zeit und die Bewegungen, welche wir allenthalben erblicken, sehr lehrreich für die Fürsten sind, so auch für die Völker. Die Geschichte der Revolution, und besonders der neueren, bestätigt es unwiderleglich, daß die Völker durch diese nicht glücklicher, nicht freier geworden sind, und daß dies Ziel weit vollständiger und auch rascher gewonnen werden kann, wenn die durch die Zeit gebotenen Reformen unter der Leitung ihrer Fürsten und der Mitwirkung der Stände erfolgen. Dieses ist zweimal wahr da, wo im Volke selbst schon ein gewisser Grad von geistiger Entwicklung besteht und die öffentliche Meinung unter Mitwirkung einer freien Presse eine Stärke erlangt hat, der selbst der hartnäckigste Widerstand der Bureaucratie weichen muß.

Eine Hauptfrage, die Gegenwart und Zukunft Deutschlands betreffend, lautet, welche neue und zweckmäßige Gestalt kann man dem Bunde geben?

Hören wir die Stimmen aus allen Theilen Deutschlands, so vereinigen sie sich darin, daß die bisherige Organisation des Bundes ganz zu verwerfen sei, da sie zur Ohnmacht und zu einer Auflösung führe und an deren Stelle für jetzt eine Dictatur, demnächst ein Parlament treten müsse. Werfen wir den Blick auf die Stellung der meisten souverainen Fürsten, ihren Völkern gegenüber, so vermögen sie ihre Souverainetät nicht mehr zu behaupten. Untersuchen wir, welches die Ursachen dieser Schwäche seien, so finden sie sich in der Eifersucht der Fürsten auf ihre Souverainetät, welche sie dahin führte, in der Schwäche des Bundes den Schutz für diese zu suchen. Sie fürchteteten zugleich das Uebergewicht der mächtigen Glieder desselben, so wie die Erhebung der Volksstimme. Der wahre Grund der Kraftlosigkeit des Bundes liegt in dem Irrthume der Fürsten, die glaubten, das deutsche Volk vom Bunde ausschließen zu können, da doch die ganze und einzige Kraft nur im Volke liegt, und von diesem erst auf die Fürsten übergeht.

Bei der jetzigen Lage der Verhältnisse bleibt es nicht mehr zweifelhaft, welche Maßregeln zum Wohl Deutschlands ergriffen werden müssen. Es würde höchst unpraktisch sein, den langsamen Gang zu wählen, sich in diesem Augenblicke erst über eine künftige Bundesverfassung zu berathen; ohnfehlbar würde man dann hinter den Begebenheiten zurückbleiben. Bei der Gefahr des Augenblicks müssen Maßregeln ergriffen werden, um den innern Organismus zu kräftigen, der überhandnehmenden Anarchie Grenzen zu ziehen, und sich gegen einen möglichen Angriff von Außen zu rüsten.

Die Nothwendigkeit des schnellen Handelns wird von allen Seiten anerkannt. Der König von Preußen hat daher in dieser Beziehung auf den 25sten März die Fürsten nach Dresden eingeladen, um dort die innern Angelegenheiten Deutschlands zu berathen. Wird dies zum Ziele führen? werden die Fürsten erscheinen? und wenn dies der Fall ist, werden die daheim gebliebenen Völker des übrigen Deutschlands den Beschlüssen der Fürsten, deren Souverainetät suspendirt ist, ihre Zustimmung ertheilen?? Von einer anderen Seite beabsichtiget in Frankfurt eine Versammlung von Mitgliedern der Stände aus vielen Theilen Deutschlands, Männer von bedeutender Popularität an der Spitze, zusammenzutreten, um sich über die Bildung eines deutschen Parlaments zu berathen. Obgleich in dem Namen eine Bürgschaft liegt, daß sie nicht den Umsturz wollen, sondern daß sie für den großen Gedanken, ein einiges starkes großes Deutschland zu bilden, begeistert sind, so werden sie sich doch selbst sagen müssen, daß ihre Zusammenkunft eben so wenig zum Ziele führen kann, als die der Fürsten, und daß im Norden von Deutschland 20 Millionen auch noch eine Stimme dabei in Anspruch nehmen.

Nur wenn die Fürsten mit Zuziehung der Stände gemeinschaftlich das Wohl des Vaterlandes berathen, mit Vertrauen einander entgegenkommen, und frei von Vorurtheilen den hohen Zweck fest ins Auge fassen, nur dann ist Heil zu erwarten, aber auch dann nur.

Die Punkte, welche nun zunächst den Beschlüssen eines so zusammengesetzten Congresses unterliegen müßten, würden folgende sein:

1. Ist die Vertheidigung Deutschlands* für den Fall eines Angriffs von Außen so organisirt, um diesen mit Sicherheit zurückweisen zu können? und welche weitere Bestimmungen sind nöthig,
   a) über die Verstärkung des activen Bundesheeres und der Reserve zur Vertheidigung des Vaterlandes;
   b) über die Bewaffnung des Volks (Landwehr) und deren Organisation, sowie über den Beitritt derjenigen Theile der Preußischen Monarchie, welche bis jetzt eigentlich schon zum Bunde gehören, aber noch nicht förmlich in diesen aufgenommen sind.
2. Die Beschaffung der zur Führung eines etwanigen Krieges nöthigen Geldmittel und Bestimmungen über die Solidarität der Kosten nach dem Verhältniß der zu stellenden Truppen.
3. Ueber die Bestimmung eines Minimums und Maximums der verfassungsmäßigen Rechte, welche den verschiedenen Volksstämmen Deutschlands von ihren Fürsten zugebilligt werden müssen, aber nicht überschritten werden dürfen.
4. Ueber die Grundzüge einer künftigen deutschen Reichsverfassung und der Vertretung der Fürsten und Völker bei dieser.

Zu Erstens. Die erste Frage richten wir an die Fürsten des Bundes und an das deutsche Volk, die Frage nämlich: ob Beide den Willen und die Kraft in sich fühlen, die Selbstständigkeit Deutschlands gegen jeden Feind, der diese bedroht, zu vertheidigen; ob der Stolz in ihnen wohnt, sich im Auslande Achtung zu verschaffen, den Rang und die Stelle unter den Völkern Europas einzunehmen, welche dem deutschen Volke die Vorsehung angewiesen hat? Wird diese Frage mit einem vielstimmigen Ja von den erhabenen Fürsten und Völkern Deutschlands, wie wir erwarten, beantwortet, nun dann müssen auch die momentanen Opfer nicht gescheut werden, welche ein so großes Ziel fordert, sondern jedes einzelne Glied des großen Ganzen muß sich bereit zeigen, die Lasten mit gleichen Schultern zu tragen und seine individuellen Wünsche dem Gesammtwohl zu opfern.

Zu 1. a und b. Wir haben schon oben auf die Nothwendigkeit aufmerksam gemacht, daß das Bundesheer im Falle eines Krieges eine solche Stärke erhalte, um die Entscheidung möglichst zu sichern, und durch eine außerordentliche Kraftanstrengung die Zeit des Krieges abzukürzen, und zugleich dem Feinde eine Lehre zu geben, daß man das deutsche Volk nicht ungestraft anfallen kann.

Wir haben ferner nachgewiesen, daß Preußen mit einer im Vergleiche zu anderen Staaten des Bundes ganz außer allem Verhältniß stehenden Kriegesmacht dem Feinde entgegenrückt, daß es bei einer Bevölkerung von 16 Millionen 500,000 Mann, mithin von 320 Köpfen einen ins Feld stellt, während bei dem Bundescontingent von 1000 Köpfen einer und mit der Reserve $1\frac{1}{2}$ gestellt wird. Die Anstrengungen, die Preußen macht, sind so groß, daß sie keine Erhöhung zulassen; es liegt daher wohl im Rechte und in der Billigkeit, daß von Seiten der übrigen Bundesstaaten eine stärkere Bewaffnung eintrete.

Schon durch die Bundesacte ist bestimmt, daß im Falle des Krieges das Contingent von ein auf Ein ein halb pro Tausend der Bevölkerung gestellt werden soll. Dadurch würde bei der jetzigen Volkszahl, wenn die nicht zum deutschen Bunde gehörigen Provinzen der Preußischen Monarchie hinzugedacht würden, die Bevölkerung circa 44 Millionen betragen, das Bundesheer mithin, ohne die Verstärkung durch Preußen, eine Stärke von 660,000 Mann erhalten, und wenn dann die Bildung einer Reserve von 1 Mann auf 2000 Seelen der Bevölkerung einträte, und diese also auf 220,000 Mann gebracht würde, so wäre die Vertheidigung so organisirt, daß der Krieg wohl nicht auf deutschem Boden ausgekämpft zu werden brauchte. Eine der ersten Sorgen des Congresses müßte es nun sein, über die Verstärkung des Heeres zu beschließen, zugleich aber eine unwiderrufliche Erklärung dahin abzugeben, daß es Grundprinzip des Bundes sei, nie einen Angriffskrieg zu führen. Eine so bedeutende Verstärkung der Bundesmacht stößt jedoch auf Hindernisse, besonders bei den kleineren Staaten, welche nur durch eine zweckmäßige Militairorganisation zu beseitigen sind.

Preußen hat durch sein im Jahre 1813 organisirtes Landwehrsystem Deutschland in dieser Beziehung ein Vorbild gezeigt, welches als eine Normal-Volksbewaffnung angesehen werden kann, und mit Modificationen Nachahmung verdient; sie führt dahin, die Militairkräfte zu verstärken, und das stehende Heer zu verwenden.

Inzwischen ist das Landwehrsystem in Preußen mit so großen Opfern verbunden, daß es nur in Zeiten, wo das Vaterland sich in so großer Gefahr befand, alo damals, einzuführen war. Diese Opfer können jedoch sehr bedeutend vermindert werden, ohne deshalb den Erfolg zu schwächen. Zuvörderst muß darauf hingewiesen werden, daß die Vorbedingung des Landwehrsystems die allgemeine Conscription ist, von welcher kein Bürger, ohne Rücksicht auf den Rang, sich ausschließen darf; diese muß daher, wo sie noch nicht besteht, vor Allem eingeführt werden. Wenn wir nun auf die im Jahre 1813 in Preußen gemachten Erfahrungen zurückgehen, so hat es sich factisch herausgestellt, daß die ausgehobene Landwehr nach 6 Wochen Einübung ins Feld rückte, und sich eben so wirksam dem Feinde gegenüber zeigte, als die Linienregimenter. Es unterliegt daher keinem Zweifel, daß wenn die Einführung eines Landwehrsystems in den Theilen Deutschlands, wo diese nicht besteht, erfolgt, und mit der Aushebung ungesäumt vorgeschritten wird, diese nach wenigen Monaten in den activen Dienst übergehen könnten. Vorhin ist erwähnt, daß das Landwehrsystem in Preußen noch mit zu großen Opfern verbunden wäre; diese entspringen hauptsächlich aus der dreijährigen

Dienstzeit im activen Heere. Nach der Ansicht der Männer vom Fach ist bei der Infanterie eine weit kürzere Zeit aus reichend.

Durch den dreijährigen Dienst, welchem jetzt die ganze wehrhafte Bevölkerung, in sofern keine körperlichen Gebrechen den Einzelnen unbrauchbar machen, unterliegt, werden dem Lande zu viel Hände entzogen. Wenn die dreijährige Dienstzeit auf eine einjährige zurückgeführt wird, so ist dies vollkommen ausreichend, um den Militairpflichtigen einzuüben; zugleich wird es dadurch möglich, das stehende Heer zu vermindern und dennoch einer großen Zahl der waffenfähigen jungen Männer die militairische Ausbildung zu ertheilen.

Am drückendsten für die nicht in einem halben Militairstaate, wie Preußen es ist, lebende Bevölkerung bleibt die dreijährige Dienstzeit. Ein Jahr aus den bürgerlichen Verhältnissen herausgerissen, veranlaßt keine große Störung in dem Lebensplane der jungen Leute; drei Jahr aber ziehen sie ganz aus dem Geschäftskreis heraus, von dessen Verfolgung ihr künftiger Lebensunterhalt abhängt. Durch einen Beschluß des Congresses würde nun der Punkt wegen Einführung eines ganz Deutschland umfassenden Landwehrsystems und eines Gesetzes wegen allgemeiner Soldatenpflichtigkeit als eines der Grundgesetze des deutschen Bundes anzuordnen sein, und daß ein solches auf Widerstand stoßen sollte, ist wohl nicht zu erwarten und wäre schimpflich. Wir fühlen uns veranlaßt, hier noch beiläufig zu bemerken, daß eine weiter ausgedehnte Bewaffnung des Volks keineswegs rathsam erscheint. Wir glauben diesen Punkt um so weniger übergehen zu können, da von so vielen Seiten eine allgemeine Volksbewaffnung gefordert wird, ohne daß man sich die Folgen davon klar macht.

Eine Erhebung der Masse wird dem Feind gegenüber niemals Wirkung haben. Das Uebergewicht einer regelmäßigen, disciplinirten Truppe ist einem undisciplinirten Landsturm gegenüber zu groß, um irgend einen Erfolg von Letzterem erwarten zu können; es führt nur dahin, das Leben vieler Bürger hinzuopfern, ihre Familien den größten Mißhandlungen und Grausamkeiten auszusetzen und dem Feinde einen Vorwand zu geben, das ganze Land zu verwüsten.

Ausnahmsweise könnte es bei der Vertheidigung einer belagerten und mit schwacher Garnison versehenen Festung mit Nutzen angewandt werden, wie sich dies bei den verschiedenen Belagerungen von Colberg durch Russen und Franzosen factisch erwiesen hat. Eine Bewaffnung der Masse wird daher in der Regel keinen Feind zurückwerfen, nur Unheil über das Land bringen und der inneren Ruhe gefährlich werden.

Anders ist es, wenn außerordentliche Verhältnisse es nöthig machen, die Bürger in der Stadt zur Erhaltung der Ordnung unter der Leitung ihrer Oberen zu bewaffnen, inzwischen ist dies nur eine Polizeimaßregel, wo man es mit Gesindel zu thun hat; wo es dagegen nur darauf ankommt, Mißverständnisse zu heben — wie geringen Einfluß da das Einschreiten der Bürger ohne Waffen bei einem Pöbelauflauf hat, darüber mögen die Bürger von Berlin, die mit patriotischem Sinn die Vermittelung zwischen den Volkshaufen und der Militairmacht versuchten, berichten: vom Pöbel mißhandelt, mußten sie auf ihre weitere Einwirkung verzichten.

Zu zweitens. Nicht minder wichtig, als die Heere zur Vertheidigung des Vaterlandes bereit zu halten, ist es, die Geldmittel zur Führung des Krieges herbeizuschaffen.

Geld ist zur Führung des Krieges eben so nothwendig, als die Waffen. Wollten die kriegführenden Mächte rücksichtslos ihren Bedarf nehmen, wo sie ihn finden, so würden sie das Land zu Grunde richten, und sich bald der Mittel beraubt haben, ihn fortführen zu können.

Bei den früheren Kriegen wählte man den Weg der Anleihe, und damals zeigte sich England und Holland gegen große Opfer bereit, diese zu gewähren. Inzwischen haben sich die Zeiten geändert, die Kapitalien haben eine andere Richtung genommen, und es ist nicht mehr daran zu denken, dort auch nur einen Theil der Summen zu negociren, welche zur Führung des Krieges nothwendig wären. Vom Inlande endlich ist nun vollends keine Hülfe zu erwarten. Von allen Staaten des Bundes sind die Finanzen der preußischen Regierung die geordnetsten.

Die Einnahme des Staats hat bisher die Ausgaben bedeutend überschritten, und wenn für den Fall des Krieges erstere sich vermindern sollte, so können letztere sehr bedeutende Einschränkungen erfahren, ohne daß der Dienst darunter leidet. Dazu kommt, daß die preußische Staatsschuld verhältnißmäßig sehr gering ist, die Hülfsquellen sehr bedeutend sind, da der Werth der Staatsgüter allein die Schuld um 50 Prozent überschreitet; endlich, daß im Staatsschatz sehr bedeutende Summen liegen, die mindestens dazu ausreichen, das Heer auf den Kriegsfuß zu setzen.

Leider können wir aber keine gleich günstige Schilderung der Finanzlage des Landes geben.

Durch die Herabsetzung des Zinsfußes, sowohl der Pfandbriefe als der Staatsschuldscheine auf 3½ Prozent, sind eine Menge Kapitalien aus dem Lande getrieben und in russischen, polnischen, österreichischen, holländischen und andern Papieren angelegt. Sehr bedeutende anderweitige Summen hat der Bau der Eisenbahnen verzehrt, dadurch, und auch durch Außenverhältnisse, sind die Papiere weit unter ihren Nominalwerth gesunken.

Daß in Folge der drückenden Geldnoth, die seit Jahren im ganzen Lande besteht, sowie durch das Sinken der Papiere, der Kredit heftig erschüttert ist, kann keinen Finanzmann wundern. Von einem Lande aber, in welchem schon im Frieden eine so große Geldverlegenheit besteht, und wo die Kapitalien, die in Staatsschuldscheinen, Pfandbriefen, Eisenbahnactien und fremden Papieren festgelegt sind, daß in diesem die Regierung keine bedeutende Kriegsbeiträge erwarten darf, sondern nur zufrieden sein kann, wenn die Steuern einigermaßen eingehen, ist leicht zu begreifen.

Wie viel Preußen ein Kriegsjahr ohne die Mobilmachung des Heeres kosten würde, ist zwar im Voraus nicht zu bestimmen, weil die Kosten sich so wesentlich mindern oder mehren, je nachdem der Krieg im eigenen oder im fremden Lande geführt wird; inzwischen ist die Ausgabe, wenn Preußen seine ganze Militairmacht entwickeln müßte, mindestens auf 150 bis 180 Millionen auf's Jahr zu veranschlagen.

Wenn ferner angenommen werden kann, daß in den übrigen Theilen des deutschen Bundes (Oesterreich nicht mitgerechnet) die Finanzlage ohngefähr mit der in Preußen gleichsteht, so ergiebt sich, welch' ungeheure Summe der Krieg verzehrt, und wie beschwerlich es den einzelnen Staaten werden würde, diese zu erschwingen.

Die zur Führung des Krieges nöthigen Gelder durch Anleihen oder durch Kriegssteuern zu decken, ist unmöglich. Es bleibt daher, wenn nicht bei Zeiten für Beschaffung der Kriegskosten gesorgt werden sollte, nur übrig, die Bedürfnisse zu nehmen, wo man sie findet, oder für die Lieferungen und Naturaleinquartierungen Bons auszugeben, was noch nicht viel besser ist, da sie in Zeiten des Krieges nicht zu versilbern sein würden.

Wie sehr eine solche Verfahrungsweise das Land und seinen Wohlstand zu Grunde richten würde, bedarf keines Beweises, auch findet das Requisitionssystem bald seine Grenzen, wie jede Art von Plünderung. Auf welche andere Weise aber die Geldmittel geschafft werden können, ist eine schwierige finanzielle Aufgabe.

Der einzige Weg möchte unserer Ansicht nach der sein, eine große deutsche Nationalschuld zu contrahiren und ein gemeinschaftliches deutsches Papiergeld zu machen, von einem künftigen deutschen Parlament garantirt.

Die Sicherheit einer Nationalschuld, verbürgt durch ganz Deutschland, von 3 bis 400 Millionen Thaler würde nicht in Frage gezogen werden können; allein um dem ausgegebenen Papiergelde willige Abnehmer zu sichern, d. h. es in dem Course zu erhalten, scheint es nöthig zu sein, besondere Vorkehrungen zu treffen. Der Hauptgedanke, der diesem Plan zum Grunde liegt, ist, eine Anleihe, die in so großen Summen bei den Kapitalisten nicht bewirkt werden kann, bei den 38 Millionen Deutschen zu machen, und gleichzeitig die Circulationsmittel während der Dauer des Krieges zu vermehren, um den inneren Verkehr belebt zu erhalten, welches um so wichtiger erscheint, als im Kriege die Lieferungen für das Heer und die Speculationen auf die dann eintretenden Schwankungen der Staatspapiere alles baare Geld dem Markte zu entziehen pflegen. Doch es ist nur unsere Absicht, auf den Gedanken aufmerksam zu machen; den Plan hier weiter auszuführen würde voreilig sein, da wir wohl einen, in der Auflösung begriffenen, Staatenbund, aber noch kein deutsches Reich und Parlament haben.

Um die Ansicht jedoch nicht ganz chimärisch erscheinen zu

lassen, wollen wir nur noch anführen, daß das Papiergeld in kleinern und größern Apoints, au porteur lautend, ausgegeben werden müßte, und 4 Prozent Zinsen trüge, welche jedoch erst am Schlusse von drei Jahren zugleich mit dem Kapital ausgezahlt würden.

Auf der Rückseite des Papiergeldes müßte eine Berechnung enthalten sein, um wie viel sich monatlich der Nominalwerth des Papiergeldes durch Zurechnung der Zinsen vermehrte. Durch die Bestimmung, daß dieses Papiergeld auch Zinsen trägt, würden die jedesmaligen Inhaber veranlaßt werden, es nicht ohne Noth fortzugeben. Inzwischen würde, um es wirklich zu Geld, d. h. gültig zu machen, auch noch für Realisations-Comtoirs zu sorgen sein. Diese könnten auf mannichfache Weise beschafft werden.

Entweder man vereinigte sich mit einer Gesellschaft von Kapitalisten, die gegen eine gewisse Provision die Realisation übernehmen, oder man bildete zu diesem Ende einen eigenen Realisationsfonds aus einer, von ganz Deutschland zu zahlenden Kriegssteuer, oder beschaffte diesen endlich durch eine Anleihe, für welche man schon hohen Zins bewilligen könnte, weil das Papiergeld nur 4 Prozent absorbirt.

Zu drittens. Die Beschlußnahme über ein Minimum und Maximum der verfassungsmäßigen Rechte, welche den verschiedenen Volksstämmen Deutschlands von ihren Fürsten zugebilligt werden müssen, aber nicht überschritten werden dürfen.

Wir wenden uns hier einem Gegenstande zu, der mit Rücksicht auf die Ruhe und Wohlfahrt Deutschlands für den Augenblick wichtiger erscheint, als selbst die, der Vertheidigung unserer Grenzen. Wir haben uns diesen Gegenstand bis zum Schluß dieser Schrift bewahrt, weil die Ereignisse schneller auf einander folgen, als es dem Schriftsteller möglich ist, sie auf dem Papier zu verzeichnen. Die große Masse des deutschen Volks will ein starkes einiges Deutschland, will Freiheit innerhalb der gesetzlichen Schranken, will Sicherheit der Personen und des Eigenthums, Schutz gegen Völker, und die Abwendung der Anarchie. Allein alle diese Güter sind nur da gesichert, wo das Gesetz regiert und die Kraft vorhanden ist, diesem Geltung zu verschaffen. Selbst der gesetzliche Zustand, der noch Vieles zu wünschen übrig läßt, ist dem vorzuziehen, wo alle Ordnung aufhört, und die bestehenden Gesetze, wenn sie auch die vorzüglichsten wären, nicht geachtet werden.

Will Deutschland sich zu einem großen einigen Ganzen gestalten, so sind feste Bande dazu erforderlich.

Die Sprach- und Stammverwandtschaft allein reichen nicht aus, dies zu bewirken; sie sind höchstens geeignet, den Wunsch dazu in der Brust zu entflammen.

Die Gefahr, in welcher sich Deutschland in seinem Inneren befindet, ist höchst beunruhigend; es wird von der Weisheit der Fürsten, die die Leitung übernehmen, und von dem guten, gesunden Sinn des deutschen Volks abhängen, ob die über ganz Deutschland verbreiteten Volksbewegungen zur Wohlfahrt oder zu einem Chaos führen, welches, abgesehen von allen Gräueln einer Revolution, nicht nur seine Selbstständigkeit, sondern seine ganze jetzige Civilisation bedroht.

Blicken wir auf die südliche Hälfte des Vaterlandes, so hat die Anarchie bereits auf vielen Punkten begonnen, und die Souverainetät der Fürsten, die dort herrschen, ist eine rein nominelle geworden; ihr fehlt die Kraft, weder partiellen Volksaufständen, noch den an sie ergehenden Adressen zu widerstehen.

Niemand darf sich darüber täuschen, daß, wo eine Aufregung, wie die jetzige, alle Gemüther ergriffen hat, und dieser die Ohnmacht gegenüber steht, es leicht zu einer Auflösung aller Bande der Gesellschaft kommen kann.

Die Weltgeschichte, deren Lehre für die Nachkommen verloren ist, sagt uns, wie viele Völker in einen Abgrund gestürzt sind, weil sie sich Täuschungen hingegeben hatten. Aber das deutsche Volk braucht nicht auf die Vorwelt zurückzugehen, die Gegenwart ruft ihm zu: Louis Philipp hat sich getäuscht, sowie der König von Neapel, und Oesterreich ist durch Täuschung dahin gekommen, daß dieses allmächtige Kaiserreich einen großen Umsturz erfährt.

Inzwischen finden wir die Beispiele noch näher, auch Deutschland hat sich getäuscht, und sich dadurch in seine jetzige, höchst bedenkliche Lage versetzt. Die deutschen Fürsten haben sich getäuscht, indem sie meinten, sich in der Bundesacte wechselseitig ihre Souverainetät garantiren zu können, und die Kraft dazu nicht in ihren Völkern suchten. Auf Täuschung beruht es, daß viele Fürsten die Anforderungen der Zeit verkannt haben, und diesen den verloren gegangenen Nimbus der Krone entgegen stellen zu können glaubten. Eine Täuschung war es, wenn Regierungen, statt billigen Wünschen des Volks nachzugeben, diese zurückwiesen, und es nicht für nöthig hielten, sich aus dem Kern des ganzen Volks eine Phalanx zu bilden, welche stark genug war, die destructiven Elemente unschädlich zu machen. Eine große Täuschung war es, wenn die Fürsten die loyalsten Unterthanen, die sie vor der Gefahr, der sie entgegen gingen, warnten, unter die Zahl der Gegner der Krone zählten. Eine Täuschung, und eine bedenkliche, ist es endlich gewesen, wenn man glaubte, bei der Wahl der Minister ganz unfähigen und höchst unpopulairen Männern das Staatsruder übertragen zu können.

Aber wie die Fürsten, so geben sich die Völker auch oft sehr bedenklichen Täuschungen hin; zu diesen gehören, wenn sie meinen, durch Schwächung der Regierung ihr Interesse zu fördern.

In einem Augenblicke, wie der jetzige, lassen sich zwar von den schwach gewordenen Regierungen Zugeständnisse erpressen, aber wer sichert den Völkern den Genuß derselben, wenn man ihnen vorher die Kraft genommen hat? Man meint, auf die Repräsentanten des Volks gehe die Kraft über, die den Fürsten entzogen werde. Welche Täuschung. Haben in Frankreich die Deputirten und die erste Kammer das Land gegen eine seine Interessen im hohen Maaße gefährdende Revolution auch nur eine viertel Stunde schützen können? nachdem die Krone alle Macht verloren hatte, und dahin gekommen war, sich durch unwürdige Mittel zu erhalten.

Eine andre Täuschung liegt darin, wenn die Völker durch gewaltsame Umwälzungen die Freiheit zu fördern, und die nationalen Interessen zu schützen glauben. Die Knechtschaft ist fast immer die sichere Frucht von Revolutionen gewesen, und Frankreich wird dies von Neuem bethätigen.

Auf einer bedenklichen Täuschung beruht es endlich, wenn man meint, es sei eben so leicht, den Sturm zu beschwören, als ihn hervorzurufen. Ein Orkan kennt nur die Verwüstung, und er erfaßt immer die Urheber zuerst. Im Interesse des gesammten Vaterlandes müssen sich jetzt alle intelligenten und muthigen Männer vereinigen, der überhandnehmenden Anarchie schnell und kräftig entgegen zu treten, damit sie nicht verheerend um sich greife. Zur Erreichung dieses Ziels giebt es nur ein radikales Mittel, nämlich die Ertheilung von Verfassungen, welche den Bedürfnissen und billigen Wünschen des Volks entsprechen, zugleich aber den Regierungen die Kraft verleihen, die Ordnung aufrecht zu erhalten, und dem Gesetz wieder Achtung zu verschaffen.

Die nächste Sorge eines deutschen Parlaments würde auf die Herstellung der im Inneren von Deutschland gestörten Ruhe gerichtet sein müssen und zu diesem Zweck namentlich dahin zu wirken, daß in den verschiedenen Landestheilen Deutschlands auf verfassungsmäßigem Wege diejenigen Verheißungen, die den Fürsten abgedrungen worden sind, von den Ständen anerkannt werden, und nachdem dies geschehen, unter die Garantie des Bundes zu stellen.

Im Interesse der Fürsten, wie des deutschen Volks liegt es aber nicht allein, die Verfassungsangelegenheiten in allen Theilen des deutschen Bundes zu ordnen, sondern auch dafür zu sorgen, daß in ganz Deutschland alle einzelnen Theile sich einer, die verschiedenen Interessen vereinigenden Verfassung erfreuten. Will Deutschland ein Volk bilden, so muß jedenfalls in Hinsicht der Verfassung eine gewisse Gleichheit bestehen. Um aber nicht bei der Verschiedenheit der bestehenden Verhältnisse den einzelnen Volksstämmen eine Verfassung aufzudringen, die ihnen nicht zusagte, so würde die Bestimmung eines Minimums und Maximums in den verfassungsmäßigen Rechten vom Bunde festzusetzen sein, welche den Völkern auf der einen Seite zugestanden werden müßten, auf der andern nur eingeräumt werden könnten.

Bei der Solidarität des Bundes dürfen in den einzelnen Verfassungen keine Bestimmungen enthalten sein, die die allgemeine Sicherheit gefährden, oder geeignet wären, Unruhen in den Nachbarstaaten zu erwecken, oder endlich anderweitige Nachtheile für die Gesammtheit haben*).

Die Bestimmung des Minimums und Maximums wird erst Gegenstand künftiger reiflicher Berathungen werden können, wir begnügen uns hier, darauf hinzudeuten: Daß die geringste Stufe der Rechte, welche von den Landesfürsten ihren Unterthanen außer denen, welche jedem Deutschen durch die Rechtsverfassung zugebilligt werden, in einer freien Communal-Verfassung für Stadt und Land, in regelmäßigen, ein- oder zweijährigen allgemeinen Stände-Versammlungen bestehen müsse, mit Befugniß der Steuerbewilligung und Kontrolle, so wie des Zustimmungs-Rechts, bei Einführung neuer, oder Abänderung vorhandener Gesetze; auf der entgegengesetzten Stufe dagegen in dem monarchischen Theil des Bundes dem Volke keine Rechte eingeräumt werden dürften, die die monarchische Verfassung abänderten, mithin das Souverainetäts-Recht nicht dem Volke übertragen werden dürfte, weil dies zur Republik führt. (Wie frei ein Volk sein kann, obgleich die Souverainetät dem Könige verbleibt, beweiset England.)

Zu viertens. Ueber die Grundzüge einer künftigen Reichsverfassung und der Vertretung der Fürsten und Völker in dieser.

---

*) Ein solcher Fall würde eintreten, wenn einer der jetzt monarchischen Staaten eine republikanische Verfassung mit kommunistischen Tendenzen einführen wollte.

Die Hauptfrage, von deren Entscheidung das künftige Schicksal Deutschlands abhängen wird, lautet dahin: Will Deutschland in der Verfassungssache des Reichs eine halbe oder eine ganze Maaßregel ergreifen? Will Deutschland eine Bundesorganisation die wieder nur eine interimistische wird, will es ein verwittertes Material zu dem neuen Bau verwenden? Oder will Deutschland ein Volk werden, ein großes Reich bilden, stark nach Außen, frei und glücklich im Inneren? Fühlt es die Kraft in sich, Vorurtheile zu vergessen, und sich selbst zu beherrschen?

Diese Fragen richten wir zunächst an das deutsche Volk, denn die Zeit ist gekommen, wo die Volksstimme Gottes Stimme ist.

Wir richten uns um so mehr an das deutsche Volk, weil dieses die Initiative ergriffen hat, auch die große Mehrzahl der Fürsten ihre Zustimmung zu einem deutschen Parlament bereits zugesagt haben.

Die soeben gestellten Fragen beantworten sich übrigens von selbst, denn es handelt sich um sein oder nicht-sein. Bei der inneren, über fast ganz Deutschland, Oesterreich nicht ausgenommen, verbreiteten Verwirrung, bei der Gefahr, die uns von Außen droht, kann nur in einer innigen Vereinigung der einzelnen Theile zu einem Ganzen, nur in der Centralisation, Rettung gefunden werden. Die Souverainetät Deutschlands, welche sich in 38 Bruchtheile zersplittert hat, muß sich wieder dadurch stärken, daß sie in eine Souverainetät zusammenfließt.

Das alte Kaiserreich brach zusammen, nachdem so viele Souveraine und Reiche entstanden waren. Die bisherige Bundesverfassung liegt in Ohnmacht, die Aufforderung des Königs von Hannover zu größerer Thätigkeit kann sie nicht aus dieser erwecken, dagegen wird der Aufruf des Preußischen Monarchen an sein Volk und an Deutschland, in welchem er erklärt sich an die Spitze der Bewegung zu stellen, um mit den Fürsten und dem deutschen Volke eine neue Reichsverfassung zu gründen, wirksamer sein.

Die Zeit, Redensarten zu machen, ist dahin, jetzt gilt es zu handeln oder vom Schauplatze abzutreten, jetzt heißt es capituliren, oder sich auf Discretion ergeben.

Wollte Deutschland mit allen den verschiedenen Sonder-Interessen die da bestehen, sich in Negociationen einlassen, so würden wir Decennien brauchen, und nicht fertig werden; die Wohlfahrt von so vielen Millionen läßt alle anderen Rücksichten schwinden. Soll aus den einzelnen zerstreuten Theilen ein neues deutsches Reich erstehen, repräsentirt durch ein Oberhaupt: Kaiser, König, auf den Namen kommt es nicht an, gestützt auf ein deutsches Parlament, so erhebe Deutschland die Hand, übergebe das 33jährige Interregnum der Geschichte, und Deutschland hat sich zu einem mächtigen Gliede der europäischen Pentarchie proclamirt.

Eine zweite wichtige Frage folgt aus der Bejahung der ersten, wie wird es möglich sein, das Reich in ein großes Ganze zu vereinigen, und doch Rücksichten eintreten zu lassen, durch welche die eigenthümlichen, seit Jahrhunderten voneinander abweichenden Volksthümlichkeiten möglichst erhalten bleiben. In wie fern nun die eigenthümlichen Zustände der einzelnen Glieder des Reichs, ihre Individualitäten und ihre Verhältnisse zu den Fürsten, durch die neue Organisation einer Reichsverfassung eine Veränderung erfahren würden, läßt sich erst beurtheilen, wenn der Kreis des Wirkens festgestellt sein wird, dessen das Parlament bedarf, um die ihm gestellte Aufgabe lösen zu können.

Der Zweck des neuen Bundes der Fürsten und Völker Deutschlands ist einstweilen ein doppelter: erstens, Vertheidigung seiner Selbstständigkeit — Schutz nach Außen — zweitens, Förderung der materiellen Wohlfahrt im Innern, Sicherstellung der Rechte, Freiheiten und Interessen aller der Fürsten wie der Völker.

Es scheint in mehr als in einer Beziehung unerläßlich, daß diese beiden Felder der Wirksamkeit des deutschen Parlaments, in so fern als voneinander getrennt gedacht werden müssen, da sie ihrer Natur nach einer ganz verschiedenen Behandlung unterliegen.

Der besseren Uebersicht wegen glauben wir hier zuvörderst in kurzen Umrissen unsere Gedanken über die Organisation der Reichspräsentation mittheilen zu müssen, um demnächst bei der Aufzählung der Gegenstände die zu deren Entscheidung kommen, gleich auf diese verweisen zu können.

Das deutsche Parlament kann bei der Lage der Verhältnisse und mit Berücksichtigung des Zwecks wohl nur zusammengesetzt werden aus dem Hause der Fürsten, aus welchem das Oberhaupt des Reichs als erbliche Würde hervorgeht *), und aus dem Hause der Gemeinden, mithin die Form einer ständischen constitutionellen Monarchie annehmen, in welcher die drei Staatsgewalten sich wechselseitig das Gleichgewicht halten.

Dem Reichsoberhaupte wird die ausübende Gewalt übertragen, sowohl im Kriege als im Frieden, auch vertritt es das deutsche Reich in Beziehung zu allen auswärtigen Mächten.

Dem Reichsoberhaupte steht ferner die Befugniß zu, unter kritischen Verhältnissen eine außerordentliche Bundesversammlung auszuschreiben. Es ernennt die Minister, welche bei den Berathungen in den beiden Häusern sowohl die Ansichten des Oberhauptes vertreten, als den Ständen die erforderliche Auskunft ertheilen. Ihm steht wie jedem der beiden Häuser die Initiative zu.

Wenn in den beiden Häusern verschiedene Beschlüsse gefaßt werden, so hat es die Entscheidung, sind beide Häuser einig, so muß es diesen beitreten, sollte es ihm jedoch so erscheinen, als wenn dadurch die Wohlfahrt des Reichs gefährdet würde, so kann es das Haus der Gemeinden auflösen, und

*) Die Erfahrung vieler Jahrhunderte hat darüber belehrt wie schwach ein Wahlreich sei, die Geschichte Deutschlands und Polen führen die Beweise.

an die Wähler appelliren; fällt der Beschluß demnächst mit dem früheren gleichlautend aus, so muß es ihn bestätigen.

Ihm steht es endlich zu, Handels- und Schifffahrtsverträge mit anderen Mächten, und Vertheidigungsbündnisse, vorläufig abzuschließen, welche jedoch der Zustimmung der beiden Kammern; und wenn sie nicht versammelt sind, der von diesen gewählten Ausschüssen unterworfen sind.

Das Haus der Fürsten wird gebildet von sämmtlichen Souverainen und freien Städten, jedoch mit der Bestimmung, daß den Königen und größeren Fürsten verhältnißmäßig mehr Stimmen eingeräumt werden.

Das Haus der Gemeinden wird zusammengesetzt aus den von den einzelnen Ständeversammlungen gewählten Mitgliedern, und wird die Zahl derselben im Allgemeinen nach der Seelenzahl bestimmt; bei der Repartition ist zu berücksichtigen, daß die Versammlung nicht zu zahlreich werde.

Da ein zu häufiger Zusammentritt des Parlaments mit großen Kosten verbunden ist, so scheint die Ernennung eines beständigen Ausschusses zweckmäßig, um die Gegenstände vorzubereiten, und bei der Ausführung der Beschlüsse die höchstleitende Behörde zu unterstützen. In beiden Kammern entscheidet die einfache Majorität mit Ausnahme solcher Gegenstände, die eine Abänderung der bestehenden Reichsverfassung bezwecken, wo dann eine Majorität von $\frac{2}{3}$ bis $\frac{3}{4}$ zweckmäßig erscheint. Als Grundgesetz des Bundes gilt es, daß sich die Minorität der Majorität unbedingt unterwerfen muß, daß es keinen Sonderbund gebe, und kein Glied des Ganzen Separatverträge mit auswärtigen Mächten errichten darf, welcher Art sie auch sein mögen: endlich daß kein, nicht deutscher Monarch über deutsche Volksstämme regiere, sondern wenn solche Fälle eintreten, diese den nächsten Agnaten abtreten muß. Bei jetzt schon bestehendem Verhältniß erfolgt diese Abtretung erst nach dem Tode des zeitweiligen Beherrschers. Es scheint rathsam zu sein, zum künftigen Sitz der Reichsversammlung eine der großen Städte im Mittelpunkte von Deutschland, oder jedenfalls an einem Orte zu wählen, der nicht wie Frankfurt zu nahe der Grenze liegt, damit nicht im Fall eines Krieges der Sitz des Parlaments verändert zu werden braucht. Es kann nur die Absicht dieser Schrift sein, dem Publikum eine kurze Uebersicht der Hauptgrundzüge eines deutschen Parlaments zu liefern, wir glauben uns daher auch nicht weiter darüber vertheidigen zu dürfen, daß wir uns auf keine weitere Ausführung der einzelnen Bestimmungen einlassen, und werden jetzt zur Aufzählung der Gegenstände übergehen, welche zum Ressort der Reichsverwaltung gezählt werden müssen, um ein festeres Band zu schließen.

Zu Erstens.

Um die Vertheidigung des Vaterlandes zu sichern, steht die Bildung eines starken Heeres und eine zweckmäßige Volksbewaffnung an der Spitze, denn die Selbstständigkeit ist das höchste Gut. Ueber diesen Gegenstand haben wir uns schon vorhin umständlich ausgesprochen, und wollen nur noch auf die Nothwendigkeit aufmerksam machen, die zum Schutz der Grenzen nothwendigen Festungen zu vollenden, für die Vollständigkeit der Bewaffnung, so wie für die Verpflegung der Truppen rc. zu sorgen.

Ein nicht minder wichtiger Gegenstand als die vollständige Bewaffnung der wehrhaften Masse des deutschen Volks betrifft die Sicherung der zum Kriege nöthigen Geldmittel.

Auch über diesen Gegenstand haben wir uns bereits oben ausgesprochen, auch ein Mittel zur Abhülfe für den jetzigen Augenblick vorgeschlagen.

Nur wenn die ganze Militärverwaltung nach den vom Parlament genehmigten Bestimmungen in einer Hand liegt, kann diese mit Kraft, und zugleich mit möglichster Schonung der Mittel geführt werden. Auch die politischen Beziehungen mit den übrigen europäischen Mächten können, wie bereits bemerkt, nur von einem Oberhaupte geleitet werden. Durch Verfolgung einer richtigen, im Interesse Deutschlands liegenden Politik und durch dieser entsprechende Bündnisse mit anderen Mächten, kann oft ein Krieg abgewendet, oder im Fall des Ausbruchs das Uebergewicht auf Seite Deutschlands gerichtet werden. Oft können fremde Mächte Gründe haben, die politischen Beziehungen, welche sie anknüpfen möchten, geheim zu halten; wenn die vorläufigen Verhandlungen aber schon zur Kenntniß einer Ständeversammlung kommen müßten, so wird die Besorgniß der Veröffentlichung ihrer Ansichten sie zurückhaltend machen. Um aber der Furcht vorzubeugen, das Reichsoberhaupt könne Verträge schließen, wodurch die National-Interessen verletzt würden, oder welche der National-Sympathie widerstreben, ist die Bestimmung getroffen, daß demnächst alle Verträge der Genehmigung der beiden Häuser bedürfen.

Untersuchen wir nun ferner, welcher Kreis des Wirkens dem deutschen Parlament theils in Hinsicht der inneren Gesetzgebung als auch in Beziehung auf die materiellen Interessen übertragen werden müsse, um das Eigenthum, so wie die persönliche Freiheit zu schützen und die geistigen und industriellen Kräfte zu entwickeln, so ist dabei der doppelte Gesichtspunkt festzuhalten: auf der einen Seite die einzelnen stammverwandten Völkergruppen in ein großes deutsches Volk umzuwandeln, auf der anderen das System der Generalisirung nicht so weit zu verfolgen, daß, wie schon vorhin darauf aufmerksam gemacht worden ist, die einzelnen Nationalitäten und altherkömmlichen Interessen dadurch verletzt werden.

Zu den Gegenständen welche vor den Ressort der Reichsstände gehören, rechnen wir erstens die Verfassungs-Angelegenheiten der einzelnen, das deutsche Reich bildenden Länder.

Ueber die Grenzen, zwischen welchen es den Fürsten und ihren Völkern überlassen bleibt, auf verfassungsmäßigem Wege die Rechte der Fürsten und Stände und dieser unter sich zu ordnen, ist schon oben angedeutet worden. Die demnächst durch die Vereinigung des Fürsten mit dem Organe des Volks festgesetzten Verfassungen, werden gesichert durch die Garantie des Bundes.

Sollten sich zwischen den Regierten und Regierern Streitigkeiten finden, so werden sie an ein, unter dem Präsidio des Reichsoberhauptes stehendes Austrägalgericht zur Entscheidung verwiesen, gebildet von dazu ernannten Abgeordneten beider Häuser. — Dieses Gericht spricht auch Recht über alle Streitigkeiten der Fürsten unter sich und der Unterthanen gegen das Landesoberhaupt in allen Fällen, die nicht vor die gewöhnlichen Gerichtshöfe gehören; aber auch hiervon findet eine Ausnahme statt, wenn über Rechtsverweigerung geklagt wird. Einer künftigen Entscheidung des Parlaments bleibt es vorbehalten, ob und in welchen Fällen ein Recurs an das Parlament zulässig ist.

2. Die Rechtsverhältnisse.

Nichts trägt mehr dazu bei die Völker näher mit einander zu verbinden, als eine gleiche Gesetzgebung. Daher muß ganz Deutschland nur Ein Recht kennen; ein Civil-, ein Criminal-, ein Wechsel-, ein Schifffahrts- und Handelsgesetz muß im ganzen Reich gelten. Aber auch die Einführung einer Agrar-Gesetzgebung in allen Theilen Deutschlands liegt im Bedürfniß Bestände eine, der preußischen ähnliche Agrar-Gesetzgebung in Baden und in Hessen, so fänden dort jetzt diese empörenden Bauernkriege gewiß nicht statt.

Alle Zustände, welche zu Aufständen führen können oder

dem Nationalreichthum schaden, gehören vor das deutsche Parlament.

Da die Prozeß-Ordnung gleichsam einen Theil der Gesetzgebung bildet, so darf auch in dieser Beziehung keine Verschiedenheit bestehen. Mündlichkeit und Oeffentlichkeit des Gerichtsverfahrens muß durch ein Reichsgesetz ausgesprochen werden. Die Einführung einer Jura und ihre Anwendung bloß auf Civil- oder auch ihre Ausdehnung auf Criminalfälle, kann den einzelnen Landestheilen überlassen bleiben.

8. Die gewerblichen Verhältnisse.

Soll Deutschland ein Reich werden, soll der Verkehr blühen, so dürfen im Innern keine Barrieren bleiben. Der Zollverein als ein Sonderbund, muß aufhören, und das ganze Reich ein und dieselbe Handelspolitik annehmen und die Zölle nur an der Grenze erheben. Auch wegen des Postverkehrs, des Münzfußes, eines gleichen Maaßes und Gewichtes, soll Einheit die Loosung sein. Ferner muß die Freizügigkeit durch ganz Deutschland nachgegeben, und überhaupt der Grundsatz mit Consequenz festgehalten werden, daß der Einwohner des einen Landestheils nicht als Fremder betrachtet wird, wenn er die Grenzen überschreitet; endlich ist dahin zu wirken, daß die jetzt in Deutschland bestehenden Eisenbahnen mit Berücksichtigung der commerziellen und militairischen Zwecke, nach einem festen Plane so über das ganze Reich verbreitet werden, daß sie ein großes Netz bilden.

4. Die religiösen Verhältnisse.

Völlige Religionsfreiheit ist als eine Forderung der Zeit nicht mehr zurückzuweisen, daher wird vom deutschen Parlament durch ein Gesetz jeder Unterschied in den bürgerlichen Rechten aus religiösen Rücksichten aufzuheben sein.

5. Die Reichssteuern.

Bis jetzt bildete Deutschland einen Bundesstaat, wo Jeder die Kosten der Repräsentation in Frankfurt trug, und einen gewissen, einmal quotisirten Antheil zu den Bauten der Bundesfestungen zahlte. Wenn dagegen Eine deutsche Reichsverfassung, wie wir sie hier in ihren ersten Grundzügen bezeichnet haben, oder auch nur etwas dem Aehnliches eingeführt wird, so veranlaßt diese mancherlei allgemeine, durch die Verwaltung nöthig gewordene Ausgaben, namentlich zur Besoldung der Minister und ihrer Bureaux, der Repräsentation auf den Reichstagen u. s. w.; es wird daher nicht zu vermeiden sein, diese durch eine allgemeine Steuer zu decken, über deren Verwendung demnächst das Reichsoberhaupt den beiden Häusern Rechnung ablegen zu lassen verpflichtet ist.

Die Art der Besteuerung, sowie die Prüfung der Höhe

der Ausgaben-Etats und deren Bewilligung gehört zum Ressort der beiden Häuser.

6. Die Reichsexecutoren.

Dem Oberhaupt des Staats, als mit der ausübenden Gewalt beauftragt, liegt es ob, da wo vom Parlament Reichsexecutionen, sei es gegen die Fürsten oder ihre Unterthanen, verfügt sind, sie zu vollstrecken. Um dies rasch und ohne die Veranlassung eines Bürgerkrieges zu können, so müssen alle Truppen der einzelnen Fürsten nicht nur diesen Gehorsam schwören, sondern auch auf die Verfassung des deutschen Reichs und darauf vereidet werden, daß sie den Beschlüssen des deutschen Reichs, vom Reichsoberhaupte dazu aufgefordert, unbedingt gehorsamen wollen.

In Folge dieser Bestimmung fällt nun die jetzt in einzelnen Staaten Deutschlands eingeführte Beeidigung der Truppen auf die Landesverfassung fort. Bis jetzt hat man diese zum Schutz der Verfassung fordern zu müssen geglaubt; der Grund hört auf, indem die einzelnen Verfassungen unter die Garantie des deutschen Parlaments gestellt sind; diese Vereidigung des Heeres von ganz Deutschland auf die Reichsverfassung hat nun zur Folge, daß keiner der Fürsten, wenn ein solcher Fall eintreten sollte, Truppen zu seiner Disposition hat, welche er den Verfügungen des Reichsoberhaupts entgegenstellen könnte. Da es Fälle geben kann, wo Gefahr im Verzuge ist, und die Entscheidung des Austrägal-Gerichts oder des Parlaments selbst, nothwendig eine gewisse Zeit in Anspruch nimmt, so muß dem Staatsoberhaupte das Recht zustehen, interimistisch einschreiten zu können.

Wir glauben in dem Vorstehenden die wesentlichsten Punkte bezeichnet zu haben, um Einheit in den jetzigen vielgliedrigen Körper zu bringen, diesem dadurch die nöthige Stärke nach Außen zu sichern, und eine freie Entwickelung nach Innen zu fördern, zugleich aber eine engere Verbrüderung der einzelnen Glieder des großen Germanischen Stammes, als bisher bestanden hat, zu bewirken.

Daß durch die hier vorgeschlagene gänzliche Umwandlung der politischen Gestalt Deutschlands, oder sagen wir vielmehr durch die Wiedergeburt der deutschen Reichsverfassung in zeitgemäßer Form und im Einklang mit den politischen Ansichten des deutschen Volks, manche Interessen, wahre oder eingebildete vorliegen, ist gewiß, aber es handelt sich jetzt um die Existenz der Fürstengeschlechter wie der Völker, um die Erhaltung des Bestehenden, der Ordnung und Gesetzlichkeit, um die Zukunft eines großen Volks. Diese Rücksichten verschlingen alle anderen. Die Souverainetät der meisten deutschen Fürsten, wie sie diese bisher verstanden haben, besteht faktisch nicht mehr, sie bringen mithin keine Opfer, sondern indem sie an der Souverainetät des deutschen Reichs Theil nehmen, retten sie aus dem Schiffbruch, was noch zu retten ist. Wollte man entgegnen, wie es von einigen Seiten geschieht, daß es gegen ihre Würde sei, eine erste oder Fürstenkammer zu bilden, sondern daß diese nur die Rathgeber des Reichsoberhaupts werden sollten, so ist dies weit herabwürdigender für sie. Soll das Oberhaupt durch ihre Rathschläge gebunden werden, so geht die Einheit und die Kraft verloren, soll es dies nicht, so hört ihr Einfluß ganz auf, so sind sie die Einzigen, die in der Reichsverfassung keine Stimme behalten. Auch setzt dies ein Ein=Kammer=System, aus den Deputirten gebildet, voraus, welche dem Oberhaupte entgegen stehen werden. Denn tritt das umgekehrte Verhältniß ein, was bisher bestand, wo die Fürsten allein eine Stimme hatten, dann hat diese das Volk allein.

Schon Macchiavelli sagt, da wo ein Fürst dem Volke gegenüber steht, wird ein ewiger Kampf um die Macht bestehen, und der Sieg bald der einen Seite, bald der andern zufallen; nur wenn zwischen beiden Gewalten eine dritte vermittelnde besteht, bekommt eine Verfassung einen inneren Halt.

Eine wichtige Aufgabe bleibt uns noch zu lösen: das Verhältniß des deutschen Reichs zu Oesterreich.

Wenn wir dieses aus dem europäischen Gesichtspunkte betrachten, so verbindet eine höhere Politik beide auf das engste mit einander. Inzwischen ist die jetzige Lage der österreichischen Monarchie so wenig befestigt und mit Bezug auf die inneren Zustände herrscht eine so große Verschiedenheit mit denen des übrigen Deutschlands, daß wenn dieses sich zu einem Reich constituiren will, wie es seine Interessen forderten und wie wir es in großen Umrissen bezeichnet haben, so scheint der Beitritt Oesterreichs unmöglich. Wir haben einen doppelten Grund den Leser auf die Schwierigkeiten aufmerksam zu machen, welche diesem entgegenstehen. Einen der in der Sache selbst liegt; einen zweiten um nicht beschuldigt zu werden, einer preußischen Hegemonie das Wort zu reden.

Wenn von der Verwandelung eines Fürstenbundes in einen nationalen Völkerbund die Rede ist, so scheint es wohl unmöglich Volksstämme von fremder Sprache und von fremder Nationalität in diesen aufzunehmen. Es kann daher, wenn sich Oesterreich ebenfalls dem neuen Reichsverbande anschließen wollte, nur von seinen deutschen Provinzen die Rede sein.

Die ländlichen Bevölkerungen dieser Provinzen sind aber zum größten Theil, wenn auch nicht dem Namen doch der That nach Leibeigne. Alle Lasten der Feudalzeit haften noch auf ihnen, und ihr Bildungsgrad ist unter dem vielfachen Druck, den sie bisher erleiden, sehr geringe geblieben. Wie diese, so stehen auch die Bewohner der Städte, welche bisher nicht einmal das Recht hatten, einen Nachtwächter anzustellen, im Ganzen auf einer niedrigern Bildungsstufe; es herrscht mithin hierin und in dem staatlichen Verhältniß der österreichischen Provinzen überhaupt eine so große Verschiedenheit mit denen des übrigen Deutschlands, daß eine Gleichstellung der Verhältnisse für jetzt weder den beiderseitigen Verhältnissen zusagend noch möglich erscheint. Verfolgen wir die Verhältnisse weiter, so ergiebt sich daraus, daß es zu den wesentlichsten Bestimmungen der Reichsverfassung gehört, daß die politischen Beziehungen des Reichs vom Oberhaupt ausgehen und daß es keine gesonderte Fürstenpolitik mehr geben kann, ferner, daß die einzelnen Fürsten keine Separat-Handels- oder Schifffahrts-Verträge mit anderen Staaten schließen dürfen. Auf Bedingungen wie diese kann nur eine rein deutsche Macht eingehen, am wenigsten aber Oesterreich, von dessen weitem Reiche die deutschen Provinzen den kleinsten Theil ausmachen.

Eine andere Grundbestimmung einer künftigen deutschen Reichsverfassung lautet, daß keine andere als nur Vertheidigungskriege geführt werden dürfen. Diese Bestimmung ist nöthig, theils um den Nachbaren keine Besorgnisse einzuflößen, theils weil der Krieg an und für sich die große Geißel der Völker ist.

Die nicht deutschen Provinzen Oesterreichs können sich aber leicht in Kriege verwickeln, bei welchen die deutschen Interessen unbetheiligt sind; auch ist es denkbar, daß die österreichische Politik es fordert, seine Grenzen nach Osten längs der Donau zu erweitern; wir fragen: kann sich Oesterreich in letzterer Beziehung binden und will Deutschland sich in Händel hineinziehen lassen, welche ihm keinen Nutzen bringen?

Durch den kürzlich erfolgten Umsturz des bisher verfolgten Systems will Oesterreich dem Kaiserreiche auch eine Verfassung geben und zu einem Reichstage in Wien die Stände nicht nur seiner deutschen Provinzen, sondern auch die der beiden italienischen Königreiche und Galiziens versammeln.

Wenn nun von diesem Reichstage Deputirte zum deutschen Parlament entsandt werden sollten, so könnten die Dänen und Holländer dasselbe verlangen; wo bliebe dann der Character eines deutschen Parlaments?

Aus den hier angeführten Gründen folgt, daß für jetzt der Eintritt Oesterreichs in den neuen Reichsverband an unübersteigliche Hindernisse stößt, und daß ein solcher von beiden Seiten nicht gewünscht werden kann. Hierdurch wird aber keinesweges ausgeschlossen, daß wenn sich dereinst die inneren Zustände Oesterreichs günstiger entwickeln sollten als jetzt, dieser Anschluß späterhin noch immer erfolgen könnte. Sehr wünschenswerth bleibt es jedenfalls, daß ein enges Vertheidigungs-Bündniß zwischen Deutschland und Oesterreich fortbestehe, und daß, wenn das Kaiserreich angegriffen werden sollte, Deutschland ihm mit seiner ganzen Macht zu Hülfe eilt und umgekehrt Deutschland in jedem Kriege nach Westen oder Osten auf dessen kräftige Unterstützung zu rechnen habe. Die in diesem Augenblick seitens des Königs von Preußen erfolgte Erklärung, daß er seinem Volke eine constitutionelle Verfassung bewilligen, sich an die Spitze der Bewegung in Deutschland stellen und für die Errichtung eines deutschen Parlaments sein ganzes Ansehen verwenden wolle, wird, wie wir gewiß hoffen, den Jubel welchen es in Berlin hervorgerufen hat, über ganz Preußen und Deutschland verbreiten. Es ist ein muthiges und männliches Wort, eines Hohenzollern würdig und erweckt die Hoffnung, daß Deutschland jetzt endlich die ihm in der großen europäischen Völker-Familie zukommende Stelle würdig einnehmen werde. Nach den darüber verlautbarten Bekanntmachungen sollen sich die hier zum 2. April zusammenberufenen Reichsstände auch mit den Grundzügen zur Bildung eines deutschen Parlaments beschäftigen. Das möchte jedenfalls doch nur erst dann der Fall sein können, wenn Regierung und Stände sich vorher über die Grundzüge einer künftigen Verfassung für die Preußische Monarchie geeinigt haben werden. Wenn das übrige Deutschland erkennt, daß das neue Verfassungsgebäude für diese nicht unter dem Einfluß einer radicalen Partei, die jetzt das Wort genommen hat, aufgeführt worden ist, wenn in der neuen Preußischen Verfassungs-Urkunde eine Bürgschaft für eine möglichst freie Bewegung innerhalb der gesetzlichen Schranken gegeben, zugleich aber auch dafür gesorgt wird, daß der Bewegung feste conservative Elemente zur Seite stehen, damit jene nicht in eine zerstörende übergehe: dann, sagen wir, wird der gute Geist und gesunde Menschenverstand welchen die große Masse des deutschen Volks stets bewiesen hat, erkennen, daß Ordnung allein zur Wohlfahrt führt und uns Preußen die brüderliche Hand entgegenreichen.

Wir schließen hier diese Besprechung mit der Aufforderung an das verantwortliche Ministerium, daß es für die Freiheit der Berathung der Stände sorgen wolle, sowie dafür daß keine Einschüchterung erfolge. Wenn die Abgeordneten der verschiedenen Theile der Monarchie ihre Ansichten nicht frei aussprechen dürfen, so gehen wir nicht der Freiheit sondern der Sklaverei entgegen. Von einer gewissen Partei wird jetzt verlangt den vereinten Landtag ungehört zu entlassen, von andern aus derselben Partei ihm nur das künftige Wahlgesetz vorzulegen. Wir vertrauen, daß der Monarch und sein Ministerium sich nicht so schwach erweisen werden solchen Forderungen Gehör zu schenken; es würde ein betrübender Anfang des neuen constitutionellen Lebens sein. Es ist zwar wahr, daß unser Wahlgesetz einer viel breiteren Basis bedarf, aber ich spreche es mit voller Ueberzeugung aus, daß bei dem Geist welcher ganz Preußen durchwehet, es nicht mehr darauf ankommt, wer der Wähler, wer der Abgeordnete ist. Man sagt, die Rittergutsbesitzer haben in dieser Versammlung zu viel Stimmen. Wir geben dies zu, aber wir fragen, wer sind die Männer gewesen die sich an die Spitze der Bewegung bei uns gestellt haben?

Aus der alten Zeit wollen wir nur einen Hardenberg, Stein, Humboldt und Schön, nennen; aus der neuern auf die Führer des letzten vereinten Landtages verweisen; die Namen sind bekannt. Wahr ist es, wir geben es zu, daß bisher viele Abgeordnete aus den alten Provinzen aus alter Anhänglichkeit sich blind der Ansicht des Monarchen angeschlossen haben.

Aber jetzt wo der König und das Ministerium ihr Programm vor der ganzen Nation ausgesprochen haben, wird von dieser Seite am wenigsten eine Opposition erfolgen. Allein in einem Augenblick wo die Begebenheiten sich überstürzen, ohne dringende Veranlassung, die Entscheidung der Verfassungs-Fragen verschieben zu wollen, wäre höchst unweise und würde nur dahin führen die Aufregung in einem Aufruhr über das ganze Land zu verbreiten. Wollen dies die Führer jener Partei?

Wir wünschen, daß es uns durch diese Schrift gelungen sein möge zu einer Berichtigung der politischen Ansichten beizutragen, die theilweise dies sehr bedürfen. Ein Volk welches an der höheren Politik Theil nehmen will, muß nach dem Beispiel des englischen Volkes sich seiner eigenen Interessen bewußt sein, und nie seine Leidenschaften sondern nur seine Vernunft zu Rathe ziehen. Unter die Irrthümer welche man jetzt zuweilen in Preußen vernimmt, gehört auch ganz besonders der, ein Krieg mit Rußland und die Herstellung Polens würden aufeinmal ganz Deutschland vereinigen. Die Aufgabe Deutschlands ist es, sich jetzt im Innern zu befestigen und zu organisiren, nicht aber durch den Versuch zur Wiederherstellung von Polen einen neuen Brand anzuzünden. — Nichts ist überhaupt rathsamer, besonders in diesem Augenblick, als so viel wie möglich dafür zu sorgen, im besten Vernehmen mit allen Nachbarstaaten zu bleiben, und zwar wie mit Frankreich so mit Rußland.

Ein Krieg mit letzterer Macht ist und bleibt von allen der verderblichste. Er kostet viel Menschenblut, viel Geld, und würde wahrscheinlich von sehr langer Dauer sein. Fragen wir uns nun: was kann bei diesem gewonnen werden? Nichts in der Welt; denn wäre es für Deutschland, und besonders in diesem Augenblick, ein Gewinn, durch Herstellung eines Polenreichs Frankreich, welches noch keine feste Regierung hat, einen Alliirten in unserm Rücken zu schaffen.

Aber, sagen Andere, Rußland wird angreifen. Da würden wir uns freilich vertheidigen müssen, allein dies ist eine ganz unbegründete Besorgniß. Es giebt Verhältnisse, die außerhalb jeder Berechnung liegen; es giebt andere, die mit großer Wahrscheinlichkeit vorauszusehen sind. Wo ein blindes Fatum waltet, wo Kurzsichtigkeit oder Leidenschaften das Regiment führen, da hört jede Berechnung auf. Wo dagegen ein Fürst, der so geistig begabt, ist, wie Rußlands Beherrscher, der die Weltverhältnisse übersieht und ein festes politisches System verfolgt, da ist anzunehmen, daß seine Handlungen seinem Interesse entsprechen. Der Kaiser Nicolai wird es nicht verkennen, daß wenn er in dem jetzigen Augenblick Deutschland mit Krieg bedrohen sollte, leicht die Folge davon ein Bündniß Deutschlands mit Frankreich zur Herstellung Polens werden könnte; ein zweites, daß er sich unabweislich die revolutionaire Bewegung ins Land zöge. Er wird endlich einsehen, daß wenn ein geordneter Zustand sich in Deutschland herstellt, dies allein zur Beruhigung von Europa führen kann und daß er diesen nicht stören darf. Daher wird Rußland Friede halten und Preußen zur Abwendung eines Mißverständnisses die Hand bieten.

Bülow-Cummerow.

Gedruckt bei Julius Sittenfeld in Berlin,
Johannisstraße Nr. 4.

Berichtigungen.

Seite	8	Zeile	11	v. u.	statt: ein	lies: einen
„	50	„	9	„	statt: eine	lies: einer
„	65	„	2	v. o.	statt: die jetzige,	lies: der jetzigen,
„	80	„	3	„	statt: die,	lies: der,
„	—	„	10	„	statt: Völker,	lies: Willkühr,
„	85	„	7	„	statt: Rechts-	lies: Reichs-
„	90	„	7	„	statt: Ausschüssen	lies: Ausschüsse
„	91	„	3	v. u.	statt: Zu Erstens.	lies: Die Wehrverfassung Deutschlands.
„	95	„	7	v. o.	statt: Jura	lies: Jury

FSC
www.fsc.org
MIX
Papier | Fördert gute Waldnutzung
FSC® C083411

Kolibri 360 GmbH
Ferdinand-Jühlke-Straße 7
99095 Erfurt, Deutschland
produktsicherheit@kolibri360.de